Philippe Maurer
Man wird nicht schlank geboren!

Philippe Maurer

Man wird nicht schlank geboren!

Abnehmen mit Spass

Bibliografische Information der Deutschen Nationalbibliothek:
Die Deutsche Nationalbibliothek verzeichnet diese Publikation
in der Deutschen Nationalbibliografie; detaillierte bibliografsche
Daten sind im Internet über http://dnb.dnb.de abrufbar.

Die automatisierte Analyse des Werkes, um daraus Informatinen
insbesondere über Muster, Trends und Korrelationen gemäss
§44b UrhG («Text und Data Mining») zu gewinnen, ist unter-
sagt.

Verlag: BoD · Books on Demand GmbH, Überseering 33,
22297 Hamburg, bod@bod.de

Druck: Libri Plureos GmbH, Friedensallee 273, 22763 Hamburg

ISBN: 978-3-8192-6495-5

Inhalt

I

II

IV

Dieses Buch ist das Ergebnis vieler Jahre des Beobachtens, Nachdenkens und vor allem: Zuhörens. Die Idee dazu hatte ich tatsächlich schon vor über 20 Jahren. Ich begegnete in meinem familiären Umfeld, bei Freunden und im Beruf immer wieder Menschen, die mit ihrem Gewicht kämpften – mal mehr, mal weniger sichtbar, aber fast immer mit grosser innerer Anstrengung.

Doch was mich besonders beschäftigt hat: Wenn ich diese Menschen im Alltag beobachtete – im Urlaub, bei der Arbeit, beim Essen mit Freunden – fielen mir Muster auf. Gewohnheiten, die sich unbemerkt eingeschlichen hatten. Kein bewusster Fehler, sondern ein schleichendes «Sich-gehen-lassen», das irgendwann zur Normalität wurde. Nicht aus Faulheit oder mangelndem Willen – sondern, weil der Alltag es einfach mit sich bringt, wenn man nicht achtsam bleibt.

Das war einer der Gründe, warum ich dieses Buch schreiben wollte. Der andere ist persönlicher: Meine Mutter war Fitnesstrainerin in einem Schlankheitsinstitut und hat über viele Jahre hinweg Menschen begleitet, die genau mit diesen Themen gerungen haben. Sie kannte unzählige solcher Geschichten – von echten Menschen mit realen Herausforderungen. Ihre Erfahrungen, ihre pragmatische Sichtweise, ihr Humor und ihr Mitgefühl haben mich geprägt.

Doch obwohl die Idee schon lange da war, fehlte mir oft die Zeit und Struktur, sie umzusetzen – bis jetzt. Erst mit der heutigen technologischen

Unterstützung war es möglich, meine Gedanken effizient zu ordnen und in diese Form zu bringen. In diesem Zusammenhang möchte ich auch ChatGPT von OpenAI erwähnen, das mich beim Schreiben begleitet und inspiriert hat. Die KI half mir nicht nur, meine Ideen sprachlich zu formen, sondern auch dabei, sie klarer, pointierter und humorvoller zu erzählen – so, wie ich sie schon lange in Rohform hatte.

Ich möchte mit diesem Buch keine Anleitung zum schnellen Abnehmen liefern – davon gibt es genug. Ich möchte Mut machen. Zeigen, dass Veränderung möglich ist, aber nicht durch Radikaldiäten oder strenge Verbote. Sondern durch Bewusstsein, kleine Schritte – und eine gehörige Portion Selbstironie.

Denn der Weg zu einem gesunden, stabilen Gewicht ist kein Sprint, sondern ein Lebensprojekt. Man wird nicht schlank geboren – es ist eine Frage der Lebensweise.

Eines meiner Lieblingsbilder: Der Bauch ist wie ein Beamter. Er arbeitet nicht mehr nach Schalterschluss. Was wir ihm abends noch schnell «reinschieben», wird nicht sofort bearbeitet – sondern landet auf dem Stapel für den nächsten Tag. Und wer will schon, dass der Beamte am nächsten Morgen gleich schlechte Laune hat?

In diesem Sinne: Dieses Buch soll inspirieren, aufklären – aber auch zum Schmunzeln bringen. Weil Humor hilft. Und weil wir alle ein bisschen freundlicher mit uns selbst sein dürfen, während wir versuchen, uns zu verändern.

Warum Abnehmen oft nicht klappt

Man wird nicht schlank geboren – aber man wird auch nicht automatisch dick. Unser Körper ist ein erstaunlich effizientes System. Wer genau hinschaut, merkt: Es sind nicht die Gene, die heimlich Kilos auf unsere Hüften schmuggeln, sondern unsere Gewohnheiten.

Falsche Muster, die sich heimlich in unseren Alltag schleichen. Und genau diese Muster sind es, die darüber entscheiden, ob wir uns in unserem Körper wohlfühlen oder eben nicht.

Die schlechte Nachricht: Es gibt keine Wundermittel, keine geheime Diät, keine Zauberformel. Die gute Nachricht: Man kann diese Muster erkennen – und mit ein wenig Humor, Geduld und einer Portion Lebensfreude verändern. Hier sind einige der grössten Stolpersteine:

Diäten-Falle: Diäten sind keine Lösung. Sie sind ein kurzfristiger Notfallplan, der langfristig meistens scheitert. Was wirklich hilft, ist eine echte Umstellung der Gewohnheiten.

Mengen-Falle: Grosse Teller verführen zu grossen Portionen. Kleine Teller helfen, das Auge und den Magen zu täuschen – und zwar positiv.

Hunger-Falle: Nicht jedes Magenknurren bedeutet sofort: «Alarmstufe Rot, jetzt essen!» Oft genügt ein Glas Wasser oder ein paar Minuten warten.

Unregelmässigkeits-Falle: Wer isst, wann er gerade Lust hat, bringt seinen Stoffwechsel durcheinander. Regelmässige Mahlzeiten stabilisieren.

Schnellesser-Falle: Wer hastig isst, merkt zu spät, dass er eigentlich schon satt ist. Langsam essen bedeutet, bewusster geniessen und weniger brauchen.

Rabatt-Falle: Nur weil etwas billig ist, muss man es nicht essen. Sonderangebote verführen uns zu Vorräten, die dann natürlich auch «weg müssen».

Waage-Falle: Tägliches Wiegen bringt nichts ausser Frust. Schwankungen sind normal. Einmal pro Monat reicht völlig – oder besser: ganz auf das Körpergefühl hören.

Fitnesscenter-Falle: Sport ist grossartig für Fitness und Stimmung. Aber: Ein Schokoriegel ist schneller gegessen als 700 Kalorien im Fitnessstudio verbrannt.

Erkennen Sie sich schon in einem dieser Muster wieder? Keine Sorge. Sie sind nicht allein. Und genau darum geht es in diesem Buch: Gemeinsam lachen, typische Verhaltensmuster erkennen und dann Stück für Stück, mit Spass, neue Wege gehen.

Die Diätfalle

Es war ein lauer Samstagmittag, als ich mich in mein Lieblingscafé setzte, bereit für einen entspannten Cappuccino und ein bisschen Leute beobachten.

Ich hatte gerade die Speisekarte zur Seite gelegt, als ich eine bekannte Stimme hörte.

«He, du hier!», rief Jens quer durch das Café und winkte begeistert.

Ich musste zweimal hinschauen.

Jens – mein alter Freund aus Studienzeiten – sah… nun ja… glücklicher aus. Und etwas runder.

Früher war Jens der Inbegriff der Disziplin: morgens Joggen, mittags Salat, abends Wasser mit Zitrone.

Sein Kühlschrank war legendär – leer bis auf griechischen Joghurt, ein paar Eier und eine Tupperdose voller Karottensticks.

Jetzt trug er ein weit geschnittenes Hemd, das seine neu gewonnenen Rundungen nur notdürftig kaschierte, und setzte sich mit einem breiten Grinsen an meinen Tisch.

«Na, wie geht's dir?», fragte ich, während ich versuchte, nicht zu auffällig auf seinen neu gewonnenen Bauchansatz zu starren.

«Blendend!», rief er und winkte die Bedienung herbei. «Zweimal den doppelten Karamell-Macchiato, bitte. Und für mich noch das grösste Stück von der Schoko-Sahne-Torte!»

Ich hob die Augenbrauen. Jens, der Zucker- und Sahnevermeider Nummer eins, bestellte freiwillig eine Zuckerbombe?

Die Bedienung lächelte süss und verschwand Richtung Kuchentheke.

«Ich merke schon», sagte ich grinsend. «Irgendwas hat sich verändert. Was ist los?»

Jens' Augen leuchteten.

«Laura!», sagte er. «Die Beste! Wir sind seit drei Monaten zusammen. Es ist einfach… fantastisch!»

Er lehnte sich zurück und verschränkte die Hände hinter dem Kopf.

«Und?», fragte ich. «Hat Laura auch einen Einfluss auf deine… kulinarischen Entscheidungen?»

Er lachte herzhaft.

«Oh ja! Sie liebt gutes Essen. Und sie liebt es, neue Cafés auszuprobieren. Jeden Samstag brunchen wir – Pancakes, Croissants, French Toast, du glaubst es nicht. Und abends dann oft noch Pizza oder Tapas.»

Ich musste schmunzeln. «Und das Fitnessstudio?», fragte ich vorsichtig.

Jens winkte ab. «Ach, das läuft nicht weg. Ich geniesse jetzt erst mal das Leben.»

Gerade kam die Bedienung mit seiner Torte zurück – eine Sahnebombe, die schon beim blossen Anblick die Kalorien explodieren liess. Jens griff gierig zur Gabel und schnitt ein riesiges Stück ab.

«Weisst du», sagte er mit vollem Mund, «ich hab früher zu viel verpasst. Immer nur verzichten, immer nur diszipliniert sein… Wozu das Ganze?»

Ich nickte verständnisvoll.

«Geniessen ist wichtig», sagte ich. «Aber…», fügte ich vorsichtig hinzu, «es ist wie mit Geld: Wenn man jeden Tag alles ausgibt, merkt man irgendwann, dass das Konto leer ist.»

Jens grinste. «Du und deine Vergleiche», schnaubte er. «Aber hey – ein bisschen Glücksfett schadet niemandem!»

Ich beobachtete, wie er sich zufrieden den Bauch rieb und das letzte Stück Torte in seinen Mund schob. Früher hätte ich wahrscheinlich neidisch zugesehen – und mich gefragt, warum ich selbst so streng sein musste. Heute wusste ich es besser. Neue Liebe, neuer Alltag, neue Muster. Man schleicht sich unbemerkt neue Gewohnheiten ins Leben – nicht böse gemeint, einfach aus Begeisterung heraus.

Aber der Körper?

Der merkt's irgendwann.

Und zwar schneller, als einem lieb ist.

«Lass uns bald mal wieder was machen», sagte Jens, als er sich verabschiedete.

«Aber bitte ohne Salat, ja?», fügte er augenzwinkernd hinzu.

Ich lachte.

«Keine Sorge», rief ich ihm hinterher. «Es gibt auch noch eine Welt zwischen Selleriestange und Sahnetorte.»

Auf dem Weg nach Hause dachte ich darüber nach. Es ist gar nicht so schwer, schlank zu bleiben.

Man muss nur aufpassen, dass der Alltag – und die Liebe – nicht klammheimlich die Kontrolle übernehmen. Genuss ja – aber bewusst.

Nicht jeder Cafébesuch muss in einem Sahnebad enden. Und das nächste Mal würde ich Jens vorschlagen, gemeinsam einen Spaziergang zu machen. Ohne Latte, ohne Torte – aber garantiert mit genauso viel Spass.

Die Mengen-Falle

Sonntagmittag, wie damals bei Tante Gertrud. Ich erinnere mich genau: Schon der Duft von Braten und Sosse hing schwer in der Luft, als ich die Tür öffnete.

In der Küche klapperten Töpfe und Teller, und auf dem Esstisch stapelten sich die Schüsseln – jeder ein kleines kulinarisches Monument.

Tante Gertrud war stolz auf ihre Küche. Und auf ihre Teller. Diese Teller waren keine normalen Teller.

Es waren riesige Porzellantabletts, fast so gross wie Wagenräder. Man hätte darauf bequem ein ganzes Reh servieren können – und Platz für Beilagen wäre immer noch gewesen.

«Kind, iss dich satt!», rief sie mir zu, während sie einen halben Berg Kartoffelgratin auf meinen Teller schaufelte. Widerspruch zwecklos. Ich versuchte, vorsichtig zu protestieren: «Nur ein bisschen, danke…»

Doch Tante Gertrud hörte es einfach nicht. Sie lachte und legte noch einen Löffel drauf.

Und dann sass ich da, vor einem Teller, der so voll war, dass er fast überlief. Das Problem? Ich fühlte mich verpflichtet, alles aufzuessen. Man will ja schliesslich nicht unhöflich sein.

«Schaffst du das schon», lächelte Tante Gertrud aufmunternd.

Und wenn nicht, na dann gäbe es ja noch Nachtisch – selbstverständlich auf einem Teller fast in Grösse einer Satellitenschüssel.

Damals habe ich nicht verstanden, warum ich mich nach jedem Besuch bei ihr wie eine zu voll gestopfte Weihnachtsgans fühlte. Ich dachte: «Naja, ist halt viel gewesen.» Was ich nicht erkannte: Es war nicht nur das «Viel», es war die reine Dimension der Teller. Ein grosser Teller wirkt automatisch «normal», auch wenn die Portion riesig ist.

Unser Auge isst mit – und unser Gehirn denkt: «Ach, da ist ja noch Platz, passt schon.»

Erst viel später, als ich mich ernsthaft mit Ernährung beschäftigte, lernte ich: Kleine Teller helfen dabei, kleinere Portionen als ausreichend zu empfinden.

Heute lache ich manchmal über mich selbst: Wie ich früher versuchte, riesige Portionen wie eine Mutprobe zu bewältigen.

Und wie ich heute bewusst kleine Teller benutze – für die gleiche Menge Essen, aber mit einem viel besseren Gefühl.

Neulich war ich wieder bei Tante Gertrud eingeladen. Sie hatte natürlich nichts geändert: Immer noch grosse Töpfe, immer noch Riesenteller.

Aber diesmal bat ich freundlich: «Tante Gertrud, darf ich mir selbst nehmen? Ich habe im Moment einen kleinen Hunger.»

Sie lachte, ein bisschen verdutzt, aber nickte. Und ich füllte mir eine moderate Portion auf. Klein, fein, vollkommen ausreichend. Ich ass langsam, genoss jede Gabel – und fühlte mich hinterher leicht und zufrieden. Kein Völlegefühl. Keine Pflichtessen-Überforderung. Und Tante Gertrud?

Sie freute sich trotzdem – weil ich mit einem echten Lächeln beim Essen sass und nicht mit einem heimlichen Stossgebet, dass mein Magen bald nachgibt.

Moral: Kleine Teller, grosse Wirkung: Wer Mass hält, geniesst mehr.

Die Hunger-Falle

Es war ein sonniger Samstagvormittag, als ich mich mit Maria im Café traf. Sie war eine liebe Bekannte – lebensfroh, quirlig, aber immer irgendwie in Eile.

Kaum hatten wir Platz genommen, zog Maria eine kleine Snackbox aus ihrer Tasche. «Nur schnell ein paar Nüsse», sagte sie entschuldigend und warf sich eine Handvoll in den Mund.

Ich lächelte.

Es war zehn Uhr morgens.

Keine zehn Minuten später griff sie erneut zur Tasche. Diesmal zog sie einen Müesliriegel hervor.

«Ich hab ja schon wieder ein Loch im Bauch!», seufzte sie dramatisch.

«Ihr Frühstück war heute anscheinend ziemlich flüchtig», dachte ich schmunzelnd.

Während wir über dies und das plauderten, beobachtete ich Maria:

Kaum ein Moment, in dem ihre Hände nicht irgendetwas Essbares suchten.

Ein Stückchen Schokolade aus der Jackentasche. Ein paar Gummibärchen, die irgendwo aus einer Seitentasche kullerten.

Und jedes Mal der gleiche Satz: «Ich hab einfach ständig Hunger!»

Früher hätte ich genickt und gedacht: «Kenn ich.» Heute wusste ich: Es war kein echter Hunger. Echter Hunger baut sich langsam auf, wird spürbar und bleibt auch, wenn man kurz abgelenkt ist.

Was Maria hatte, war eher: Appetit. Langeweile. Gewohnheit. Stress.

Ich fragte sie vorsichtig: «Wann hast du heute Morgen das letzte Mal richtig gegessen?»

Maria überlegte.

«Äh, halb acht? Eine Banane und einen Kaffee.»

Ich nickte.

«Und seitdem Snacks alle zwanzig Minuten?»

Sie lachte verlegen.

«Ja, irgendwie schon.»

Was sie nicht bemerkte:

Jedes Mal, wenn sie etwas in den Mund steckte, kurbelte sie ihren Insulinspiegel an – der Körper speicherte die Energie, bevor er überhaupt die Chance hatte, auf Fettreserven zurückzugreifen.

Kleine, ständige Snacks verhindern, dass der Körper in den echten Hungerzustand kommt, in dem er Fett verbrennen würde.

Stattdessen hält man ihn auf Dauerbetrieb – wie ein Auto, das immer im Leerlauf läuft, aber nie wirklich Fahrt aufnimmt.

Ich erinnerte mich an meine eigene Zeit voller Snackboxen, Müesliriegel und unbewusster Nascherei. Und daran, wie befreit ich mich fühlte, als ich lernte, Hunger wieder richtig wahrzunehmen – und nicht jede kleine Regung sofort mit Essen zu beantworten.

Am Ende unseres Treffens schlug ich Maria vor:

«Mach doch mal den 10-Minuten-Test. Wenn du das Gefühl hast, Hunger zu haben, warte zehn Minuten. Trink ein Glas Wasser. Und überleg dann nochmal: War es echter Hunger oder einfach nur eine Gewohnheit?»

Maria nickte zögerlich. «Klingt irgendwie logisch», sagte sie.

Als wir aufstanden, schob sie die Snackbox demonstrativ wieder in die Tasche.

Ich lächelte still. Manchmal braucht es keine radikalen Diäten, keine riesigen Programme. Manchmal reicht ein Glas Wasser. Und ein bisschen Geduld.

Moral: Nicht jedes Magenknurren ist ein Notfall. Manchmal ist es nur der Kopf, der Langeweile hat.

Die Unregelmässigkeits-Falle

Wenn man über das Essverhalten meiner Kollegin Mia spricht, dann trifft es ein Wort ganz gut: Situationselastisch.

Sie isst, wann sie gerade Lust hat – oder Zeit hat – oder Stress hat – oder auch gar nicht. Und dann wieder doch. Essen nach Kalender? Für sie so unvorstellbar wie Fensterputzen bei Gewitter.

Mia ist eine von denen, die morgens sagen: «Ich brauch nix, nur Kaffee.»

Sie kommt mit einem dampfenden Pappbecher ins Büro geschwebt, als wär's ein religiöses Ritual. Frühstück? «Das bringt meinen Magen nur durcheinander», sagt sie. Dabei ist ihr Magen eigentlich durchgehend… sagen wir: auf Abenteuerreise.

Kurz nach neun knurrt es aus ihrer Richtung. Aber statt zu frühstücken, schiebt sie sich einen Traubenzucker rein – «wegen der Konzentration». Um halb elf dann die ersten Gummibärchen aus der Schreibtischschublade.

Mittags? Ach, da ist immer was. Manchmal isst sie mit uns in der Kantine, manchmal hat sie angeblich «zu tun», isst dann aber um 15:20 Uhr kalte Pommes aus einer Papiertüte, die verdächtig nach Vortag aussieht.

«Ich ess halt, wenn ich Hunger hab», sagt sie. Aber das Problem ist: Der Hunger hat keine Ahnung mehr, wann er dran ist. Er kommt mal um zehn, dann um vier, dann um Mitternacht mit einem «Hallo? Ich dachte, wir hatten was?»-Tonfall.

Ich habe Mia einmal eine Woche lang beobachtet – also nicht wie ein Detektiv, sondern einfach so im Büroalltag.

Montag: Kein Frühstück, später ein Riegel, dann ein doppelter Espresso, mittags ein Croissant. Abends: «Ups, hab ich vergessen zu essen. Na gut, dann jetzt halt Pizza.»

Dienstag: Um neun Schokolade. Um elf ein Smoothie. Um 13 Uhr «nur ein paar Oliven» (von denen ich nicht weiss, woher sie kamen). Abends: «War bei Mama, da gabs Linseneintopf – zwei Teller.»

Mittwoch bis Freitag war eine wilde Mischung aus Keksen, Suppen, Döner, Fruchtgummis, nichts, dann plötzlich alles. Ich glaube, ihr Magen hat inzwischen ein eigenes Tagebuch, das mit «Hoffnung» beginnt und mit «Was war das?!» endet.

Ich erinnere mich, wie sie einmal in der Teeküche stand, den Deckel einer Instant-Suppe abriss und sagte: «Ich glaub, mein Stoffwechsel ist völlig kaputt.»

Ich sagte nichts. Aber innerlich dachte ich: Kein Wunder – dein Stoffwechsel ist wahrscheinlich seit Wochen auf der Suche nach einem Plan.

Ich selbst war früher auch so ein unregelmässiger Esser. Mal mittags gar nichts, dann abends ein Festmahl. Frühstück? Vielleicht. Vielleicht auch Chips um elf.

Aber irgendwann sagte mein Bauch: Schluss. Keine Konzentration mehr, kein Energielevel, kein gutes Gefühl. Ich fühlte mich wie eine Mischung aus Luftballon und Baustelle.

Dann hab ich was verändert: Ich habe wieder gelernt, zu festen Zeiten zu essen. Nicht militärisch, aber rhythmisch. Frühstück am Morgen – auch wenn's nur ein Joghurt ist. Mittagessen nicht nach Zufallsprinzip, sondern gegen zwölf, dreizehn Uhr.

Und siehe da: Mein Körper dankte es mir. Keine Stimmungsschwankungen mehr. Kein «Jetzt-muss-ich-essen-sonst-beiss-ich-in-die-Tastatur»-Moment. Einfach: Ruhe.

Neulich fragte mich Mia:

«Du hast irgendwie immer so gute Laune. Wie machst du das?»

Ich antwortete: «Ich ess regelmässig. Mein Körper weiss, wann Nachschub kommt. Dann muss er nicht ständig Panik schieben.»

Sie lachte. «Ach, ich bin eher so der spontane Typ.»

Und biss in ein trockenes Brötchen, das noch aus der Besprechung am Montag übrig war.

Ich schmunzelte. Und dachte mir: Unregelmässigkeit macht nicht nur den Magen nervös. Auch das Leben fühlt sich besser an, wenn es nicht ständig zwischen Hungersnot und Fressgelage pendelt.

Ich bin froh, dass mein Bauch heute nicht mehr wie ein Orientierungsloser durch den Tag wandert. Wer nur isst, wenn's gerade passt, landet oft da, wo's nicht mehr passt – bei der Hose nämlich. Regelmässigkeit ist keine Diät, sondern eine Einladung zur Harmonie zwischen Kopf, Körper und Kühlschrank.

Die Schnellesser-Falle

Es war einer dieser typischen Donnerstage in der Kantine: Laut, voll, dampfend. Ich hatte mein Tablett noch nicht mal ganz abgestellt, da war Kollege Lars schon beim zweiten Bissen – obwohl er nur eine Minute vor mir eingelaufen war.

Lars war Schnellesser. Und zwar ein Meister seines Fachs.

Wenn es olympische Disziplinen im Essen gäbe, Lars hätte Gold geholt. In der Kategorie «Hähnchenschenkel in 38 Sekunden mit beiliegendem Kartoffelgratin – ohne sichtbare Kieferbewegung».

Ich kannte Lars schon eine Weile, und jedes Mittagessen mit ihm war wie eine Mischung aus Zaubertrick und Selbstversuch. Man schaute kurz weg, und zack – Teller leer, Serviette zusammengeknüllt, Gesicht zufrieden.

«War lecker!», sagte er. Immer. Auch wenn man ihn selten kauen sah.

An diesem Donnerstag hatte er sich das Tagesmenü geholt: Penne mit Rahmsauce, Brokkoli und einem Mini-Dessert, das aussah wie ein Pudding auf Diät.

Ich hatte mir etwas Ähnliches genommen – allerdings mit einem kleinen Beilagensalat und der Hoffnung, diesmal in Ruhe essen zu können.

Wir sassen zu viert am Tisch, und wie immer kam das Gespräch auf Arbeit, Wetter und – wie sollte es anders sein – Ernährung.

«Ich hab gelesen», sagte Tanja, unsere Kollegin aus dem Einkauf, «dass man langsamer essen soll.

Der Magen braucht 20 Minuten, um Sättigung zu melden.»

Lars nickte eifrig – während er den letzten Löffel seiner Pasta in den Mund schob. «Stimmt», sagte er, kaute zwei Mal, schluckte und ergänzte: «Deshalb ess ich auch immer in weniger als 20 Minuten. Bevor der Magen merkt, dass ich satt bin, hab ich schon wieder Kalorien gespart.»

Ich sah ihn an. «Oder du hast einfach zu viel gegessen, bevor dein Magen protestieren konnte.»

Lars winkte ab.

«Ach was. Ich hab einen schnellen Stoffwechsel.»

Zehn Minuten später war ich bei der Hälfte meines Tellers, Lars streichelte sich über den Bauch.

«Puh… jetzt merk ich's auch. Ich glaub, ich hab zu viel… naja, vielleicht war der Nachtisch zu viel.»

Ich sah auf sein leeres Gläschen. Es war sauber ausgeschleckt wie nach einer Werbeaufnahme.

«Ich glaub, mein Magen hat nen Zeitverzug», murmelte er.

Ich grinste.

«Oder du isst schneller, als dein Gehirn Daten schicken kann.»

Das Beste kam aber immer nach dem Essen: die berühmte Lars'sche Selbstgeisselung.

«Ab morgen esse ich langsamer», versprach er. «Ich kaue dann alles doppelt so lange. Ganz bewusst.»

Ein Tag später: gleiche Szene, neues Gericht – Lasagne.

Ich setzte mich hin, Lars war schon zur Hälfte durch. Ich erinnerte ihn an sein Vorhaben.

Er hielt inne.

«Stimmt. Langsam essen. Bewusst. Achtsam.»

Dann schaute er mich an, runzelte die Stirn und sagte mit vollem Mund: «Aber heute hab ich echt Hunger. Ab morgen. Ganz sicher.»

Spoiler: Morgen war nie.

Aber ich lernte etwas. Wer schnell isst, isst meistens zu viel. Und wer zu viel isst, redet sich gern ein, dass es «nur heute» war.

Anekdote zum Schluss: Einmal sah ich Lars beim Betriebsfest an einem Buffet stehen. Neben ihm ein junger Praktikant, der staunend zusah, wie Lars sich in fünf Minuten durch Lachs, Käse, Brot, Salat und Kuchen arbeitete.

Der Praktikant fragte: «Wow, essen Sie immer so schnell?»

Lars grinste und antwortete: «Klar. Wer schnell isst, hat mehr vom Tag!»

Ich stand daneben, biss genüsslich in mein Brötchen – und dachte: Wer langsam isst, hat länger was vom Essen.

Die Rabatt-Falle

Es war ein heisser Sommertag in Kalifornien, die Sonne brannte auf den Asphalt, und ich hatte mir fest vorgenommen, mich diesmal nicht von der Klimaanlage der Supermärkte verführen zu lassen – so, wie es mir im Urlaub sonst nur allzu leicht passiert.

Doch kaum war ich im Einkaufszentrum, da zog mich ein bunter Aufsteller in seinen Bann: «Special Offer! 50% off! Buy BIG – Save BIGGER!»

Daneben türmten sich Eimer – ja, tatsächlich Eimer – voller Eiscreme. Fünf Liter pures, cremiges, sündiges Vanilleeis.

Und da stand sie auch schon: Eine ältere Dame, die entschlossen einen dieser Rieseneimer in ihren Einkaufswagen wuchtete.

Mit kritischem Blick beäugte sie den Deckel, als wolle sie sicherstellen, dass da wirklich nichts anderes drin war als pures Glück.

Ich beobachtete neugierig, wie sie, kaum hatte sie den Eimer in Sicherheit, sich auf den Weg zur Kasse machte.

Vor mir in der Schlange, versuchte sie, die riesige Packung unauffällig auf das Kassenband zu hieven, als würde sie ein kleines Joghurt kaufen.

Die Kassiererin lächelte freundlich. «Oh, das grosse Special heute!», sagte sie, während sie das Etikett scannte.

«Ja, ja», winkte die Dame ab. «Eigentlich bin ich ja auf Diät. Aber bei dem Preis… ich wäre ja blöd, wenn ich's nicht nehmen würde.»

Ich konnte nicht anders, ich musste schmunzeln.

Wer kennt sie nicht, diese heimlichen Rechtfertigungen? Ein Sonderangebot – und plötzlich sind alle guten Vorsätze vergessen.

Während sie bezahlte und versuchte, den riesigen Eisbehälter irgendwie in ihre Handtasche zu balancieren, murmelte sie:

«Vielleicht esse ich nur ein kleines Schälchen… jeden Tag ein bisschen… geht schon.»

Ich sah förmlich vor mir, wie der Eimer daheim auf sie wartete – ein stummer, cremiger Verführer, der bei jeder Vorbeigehen im Kühlschrank freundlich winkte:

«Komm schon… nur ein Löffelchen…»

Früher hätte ich genauso gedacht: Grosspackung = schlaues Einkaufen. Sonderangebot = Gelegenheit, die man nutzen muss.

Heute weiss ich: Rabatte sind wie Sirenengesänge. Sie locken uns in Versuchung, Dinge zu kaufen – und später zu essen – die wir nie wirklich gebraucht hätten. Nur weil etwas günstig ist, wird es nicht besser für die Taille.

Und ein Eimer Eis bleibt ein Eimer Eis – egal ob zum halben Preis oder nicht.

Als ich an der Reihe war, liess ich meinen kleinen Korb auf das Band gleiten: Wasser, ein bisschen Obst, ein Joghurt.

Kein Sonderangebot.

Keine Eimer.

Während ich zur Tür hinausging, drehte ich mich noch einmal um.

Die Dame sass schon auf der Bank vor dem Laden, einen Plastiklöffel in der Hand. Der Eimer stand offen neben ihr.

Sie lächelte selig – und ich konnte ihr nicht böse sein. Manchmal schmeckt die Verlockung einfach zu süss.

Aber ich war froh, heute eine andere Entscheidung getroffen zu haben. Denn echte Ersparnis beginnt nicht beim Preis – sondern bei der eigenen Gesundheit.

Moral: Nur weil es billig ist, muss man es nicht essen. Der beste Rabatt ist der auf unnötige Kalorien.

Die Waage-Falle

Es war Montagmorgen, kurz vor acht. Ich sass gemütlich mit meinem Kaffee am Fenster und beobachtete das Leben draussen. Da sah ich Tanja, meine Nachbarin.

Sie huschte wie jeden Morgen in Sportleggings und Turnschuhen über den Flur – in der einen Hand ihre Yogamatte, in der anderen Hand… eine kleine Waage.

Ich runzelte die Stirn. Wer nimmt denn seine Waage mit zum Yoga?

Später am Nachmittag traf ich sie im Hausflur. Sie wirkte leicht gereizt, ihr Gesicht angespannt.

«Alles okay?», fragte ich höflich.

Tanja seufzte. «Ach, diese blöde Waage!», schimpfte sie. «Heute früh 400 Gramm mehr als gestern! Dabei habe ich gestern praktisch nichts gegessen! Nur ein Salat und ein bisschen Joghurt!»

Sie stemmte die Hände in die Hüften. «Ich versteh das nicht. Jeden Morgen stell ich mich drauf, und jedes Mal diese Enttäuschung. Mal hoch, mal runter, mal hoch… Ich werd noch verrückt!»

Ich nickte verständnisvoll. Wie oft hatte ich früher selbst morgens zuerst auf die Zahl auf der Waage geschaut – und mein ganzes Wohlbefinden davon abhängig gemacht?

Ein gutes Ergebnis – und der Tag war gerettet.

Ein schlechtes Ergebnis – und ich fühlte mich schlecht, dick, wertlos.

Tanja fuhr fort: «Und jetzt überlege ich, heute gar nichts zu essen. Vielleicht nur eine Suppe oder so. Damit es morgen wieder weniger ist.»

Ich lächelte freundlich. «Weisst du», sagte ich, «unsere Körper sind keine Maschinen. Manchmal wiegen wir mehr, weil wir mehr Wasser gespeichert haben. Vielleicht wegen Salz, Stress, Hormonen. Oder weil wir einfach noch nicht auf Toilette waren.»

Tanja schnaubte ungläubig. «Aber ich will Fortschritte sehen! Jeden Tag!»

Ich zuckte die Schultern. «Aber Fortschritte erkennt man nicht am Tagesgewicht. Sondern daran, wie man sich fühlt. Wie die Kleidung sitzt. Wie leicht der Körper sich anfühlt. Und manchmal auch einfach daran, dass man weitermacht – selbst wenn die Waage mal verrücktspielt.»

Sie schaute skeptisch.

«Also nicht mehr wiegen?»

«Nicht jeden Tag», sagte ich.

«Vielleicht einmal im Monat. Oder einmal im Quartal. Die Waage zeigt nur die Schwerkraft an, nicht deinen Wert als Mensch.»

Sie schmunzelte zum ersten Mal an diesem Tag.

«Und wenn du Lust hast», fügte ich hinzu, «könntest du heute einfach einen schönen Spaziergang machen. Ohne Waage. Ohne Druck. Einfach so.»

Tanja lachte. «Okay», sagte sie. «Aber nur, wenn du mitkommst!»

Wir verabredeten uns für den Abend – und tatsächlich spazierten wir lachend durch den Park, redeten über Gott und die Welt und vergassen die Waage völlig.

Ich dachte dabei an früher: Wie oft ich mich selbst gequält hatte mit täglichen Wiegeorgien,

Wassereinlagerungen verflucht und mich selbst für ein paar hundert Gramm fertiggemacht hatte.

Heute wusste ich es besser: Mein Wohlbefinden ist nicht messbar in Kilos oder Gramm. Es zeigt sich in Energie, in guter Laune, in Freude am Leben.

Und ganz ehrlich: Ein Tag, der nicht von einer Zahl verdorben wird, ist ein guter Tag.

Moral: Die Waage zeigt Ihr Gewicht. Aber nicht Ihren Erfolg. Vertrauen wiegt mehr als jede Zahl.

Die Fitnesscenter-Falle

Montagabend, Fitnesscenter. Es roch nach Gummi, Schweiss und dem vagen Traum von Bikinifiguren.

Ich stand am Rand des Cardio-Bereichs und beobachtete Markus. Er war ein guter Bekannter und der Inbegriff von Disziplin – zumindest bis zur Umkleidekabine.

Markus strampelte auf dem Spinningrad, als ginge es um sein Leben. Der Schweiss tropfte ihm von der Stirn, seine Oberschenkel arbeiteten wie Kolben in einem Motor, und seine Gesichtszüge verrieten eine Mischung aus Schmerz und Stolz.

Nach exakt 60 Minuten liess er sich schwer atmend vom Rad fallen. «700 Kalorien!», japste er, während er triumphierend auf den Bildschirm seines Bikes deutete.

Ich klatschte höflich. «Respekt!», sagte ich.

Markus grinste. «Jetzt hab ich mir aber was verdient», keuchte er und zog aus seiner Sporttasche einen Schokoriegel – von der Sorte, die mit Erdnussbutter gefüllt und mit einer halben Tafel Schokolade überzogen war.

Ich konnte mir ein Lächeln nicht verkneifen. «Dir ist schon klar, dass das Ding etwa 500 Kalorien hat, oder?»

Er zuckte die Schultern und biss beherzt hinein. «Das ist Regeneration!», murmelte er kauend.

Ich schwieg. Was sollte ich auch sagen? Früher hätte ich es genauso gemacht. Eine Stunde rackern, um dann mit einem Riegel alles wieder auf Null zu setzen.

Es war ein bisschen so, als würde man mit einem kleinen Eimer Wasser ein brennendes Haus löschen wollen – und danach mit Benzin nachgiessen.

Markus schob sich den letzten Bissen in den Mund, wischte sich mit dem Handtuch über die Stirn und sah zufrieden aus.

«So muss das sein!», sagte er. «Man lebt ja nur einmal.»

Ich lächelte wieder. Man lebt tatsächlich nur einmal – und sollte sich gut überlegen, womit man diesen einen Körper füttert. Sport ist grossartig, keine Frage. Bewegung hält fit, strafft den Körper, macht glücklich. Aber Sport alleine rettet keinen vor falscher Ernährung. Man kann ein schlechtes Essverhalten nicht wegradeln, wegrudern oder weglaufen. 7000 Kilokalorien muss man einsparen oder verbrennen, um ein Kilo Körperfett zu verlieren.

Da wird einem schnell klar: Ein kleiner Schokoriegel hier, ein Stück Kuchen da – und die Stunde auf dem Rad war ein schöner Zeitvertreib, aber eben kein echter Fortschritt.

Früher hätte mich diese Erkenntnis deprimiert. Heute motiviert sie mich. Ich sehe Sport als Belohnung für meinen Körper, nicht als Freibrief für extra Kalorien. Nach dem Training gönne ich mir heute lieber etwas, das meinem Körper gut tut: Ein Smoothie, eine Banane, ein Glas Wasser.

Markus winkte mir zum Abschied zu, während er sich einen zweiten Riegel aus der Tasche angelte.

Ich wünschte ihm einen schönen Abend – und schmunzelte still.

Es gibt Dinge, die muss jeder für sich selbst erkennen. Am besten nicht erst auf der Anzeige der Körperfettwaage.

Moral: Man kann nicht schneller radeln als man essen kann. Sport formt – Ernährung bestimmt.

Die Abendessen-Falle

Es war ein Donnerstagabend, als ich Herrn Becker wieder einmal im Aufzug traf. Er wohnte zwei Stockwerke über mir und war, soweit ich wusste, ein vielbeschäftigter Abteilungsleiter in einer grossen Kanzlei.

Während ich mit meiner Einkaufstasche – ein paar Tomaten, ein bisschen Käse, ein kleiner Salat – in der Ecke stand, rang Herr Becker schwer atmend mit einer grossen Papiertüte.

Aus der Tüte ragten eine Fertigpizza, eine Packung Chicken Wings, eine Familienpackung Chips und zwei Dosen Bier.

Ich lächelte höflich.

Er nickte mir zu, sichtbar gestresst, und starrte auf die Zahlenanzeige des Aufzugs, als würde sein Leben davon abhängen, dass es schneller ging.

«Langer Tag?», fragte ich vorsichtig.

Herr Becker seufzte tief.

«Langer Monat», murmelte er. «Überstunden, Ärger mit Kunden, Meetings ohne Ende... Und jetzt, endlich Feierabend.»

Er klopfte auf seine prall gefüllte Tüte. «Mein kleines Abendritual.»

Ich nickte langsam. Ich kannte das gut: Die Versuchung, sich nach einem anstrengenden Tag etwas zu «gönnen». Etwas Warmes, Herzhaftes, etwas, das den Stress wegschmilzt wie Eis in der Sonne.

Als der Aufzug surrend stoppte, trat Herr Becker schwerfällig hinaus. Ich beobachtete, wie er sich mit seiner Einkaufstüte die Treppe hochschleppte, als würde er eine grosse Last tragen – und in gewisser Weise tat er das auch.

Früher war mein Feierabend nicht viel anders gewesen: Der Tag voller Ärger und Hektik – und am Abend die Belohnung aus dem Kühlschrank. Ich erinnerte mich noch gut an das Gefühl: Das warme Essen, das schwere, zufriedene Seufzen danach, die Müdigkeit, die sich wie ein schwerer Mantel über mich legte.

Doch das Problem war: Der Ärger war damit nicht wirklich weg. Er hatte sich nur auf meinen Bauch verlagert.

Am nächsten Morgen kam die Rechnung: Völlegefühl, schlechte Laune, noch mehr Trägheit. Und der Ärger? Der war immer noch da.

Als ich später am Abend auf meinem Balkon stand, sah ich Licht in Herrn Beckers Wohnung. Durch die offene Balkontür hörte ich Fernsehergeräusche – und das leise Rascheln einer Chipstüte.

Ich stellte mir vor, wie Herr Becker auf dem Sofa sass, die Füsse auf dem Tisch, die Fernbedienung in der einen Hand, die Chips in der anderen.

Und obwohl ich Mitleid hatte, wusste ich: Ich wollte nicht mehr tauschen.

Heute hatte ich andere Rituale: Nach einem stressigen Tag ging ich eine Runde spazieren, liess mir ein Bad ein, las ein gutes Buch oder telefonierte mit einer Freundin.

Ich suchte keine Lösung am Boden einer Chipstüte. Sondern echte Erholung. Denn Stress isst man nicht weg. Man verarbeitet ihn. Und je weniger man ihn herunterschluckt, desto leichter fühlt man sich – im Kopf und auf der Waage.

Moral: Stress verschwindet nicht mit Pizza und Bier. Aber ein Spaziergang kann manchmal Wunder wirken.

Die heimliche Naschfalle

Es war Sommerfest im Garten meiner Freunde. Bunte Lichterketten, duftende Grilladen, fröhliches Stimmengewirr.

Ich stand mit einem Glas Wasser in der Hand am Buffet und beobachtete die üblichen Rituale.

Da war sie: Claudia.

Claudia war berühmt dafür, bei jedem Anlass zu verkünden, dass sie «ganz strikt» auf Diät sei.

«Nur ein klitzekleines Stück», säuselte sie jedes Mal, wenn ihr ein Teller gereicht wurde.

Mit beinahe dramatischer Geste schöpfte sie sich eine winzige Portion Kartoffelsalat, einen halben Hühnerspiess und natürlich keine Sosse.

«Nur Salat für mich, ich muss auf die Linie achten!», verkündete sie stolz und sah sich dabei suchend nach Zeugen um.

Ich nickte ihr freundlich zu.

Ein bisschen Salat, ein Hauch Fleisch – theoretisch perfekt.

Praktisch jedoch… hatte ich Claudia schon öfter im entscheidenden Moment beobachtet.

Später am Abend, als die ersten Gäste sich entspannten und die Gespräche lauter wurden, schlich sie sich unauffällig zum Dessertbuffet.

Nicht mit einem Teller in der Hand – nein, das wäre zu offensichtlich gewesen. Sondern direkt mit der Gabel.

Ein kleines Stück Kuchen hier, ein Happen Mousse au Chocolat dort, schnell in den Mund geschoben, bevor jemand richtig hinsah.

Dann ein beiläufiges, schuldbewusstes Grinsen – und weiter ging's.

Ein Glas Sekt, ein paar Erdnüsse. Noch ein Stück Käse, «nur ein Krümel», wie sie später erzählen würde.

Ich erkannte das Spiel sofort. Nicht aus Überheblichkeit – sondern, weil ich es früher selbst gespielt hatte.

«Ich esse doch praktisch nichts», hatte ich oft gedacht. Und mich gefragt, warum die Waage trotzdem keine Gnade zeigte.

Was ich dabei übersah: Es waren nicht die bewussten Mahlzeiten. Es waren die kleinen, unbewussten Naschereien zwischendurch, die sich wie Geisterkalorien in meinen Alltag schlichen.

Ein Happen hier, ein Krümel da – summierte sich am Ende zu einem vollwertigen zusätzlichen Essen, das nie wirklich registriert wurde. Weder vom Kopf noch vom Gewissen.

Später am Abend hörte ich Claudia erneut sagen: «Ich verstehe das nicht. Ich esse doch so wenig, aber ich nehme einfach nicht ab.»

Ich lächelte höflich. Es wäre unhöflich gewesen, ihr zu sagen, was ich gesehen hatte. Und vielleicht hätte sie es ohnehin nicht hören wollen.

Veränderung beginnt nicht mit der Menge auf dem Teller. Sondern mit Ehrlichkeit – vor allem sich selbst gegenüber.

Heute bin ich entspannt, wenn ich esse. Ich nasche bewusst – oder lasse es bewusst.

Aber ich tue es nicht heimlich, nicht zwischen Tür und Angel, nicht mit schlechtem Gewissen. Denn nichts ist schwerer zu verdauen als Selbstbetrug.

Moral: Man wird nicht durch die grossen Mahlzeiten dick – sondern durch das, was man sich heimlich gönnt und dabei selbst übersieht.

Die Belohnungsfalle

Freitagabend, endlich Wochenende. Ich sass im Lieblingscafé und beobachtete, wie Anna hereinkam – hektisch, aber strahlend.

«Ich hatte heute einen Wahnsinnstag!», rief sie schon zur Begrüssung und liess sich erschöpft auf den Stuhl plumpsen. «Dafür gönne ich mir jetzt was richtig Schönes!»

Bevor ich etwas sagen konnte, bestellte sie sich ein Stück der grössten Schwarzwälder Kirschtorte, das ich je gesehen hatte. Und einen Cappuccino mit Sahne.

Ich musste schmunzeln. Anna war ein Paradebeispiel für die Belohnungsfalle. Jede überstandene Besprechung, jede erledigte To-do-Liste, jede durchgehaltene Diätwoche – alles war ein Anlass, sich mit Essen zu belohnen. Am liebsten mit etwas Deftigem oder Süssem.

«Man muss sich doch auch mal was gönnen!», erklärte sie, während sie mit der Gabel einen Schokoladenberg abtrug.

Natürlich muss man das. Das Leben wäre trostlos ohne Genuss. Aber wenn jede Kleinigkeit zur grossen Ausnahme wird, ist es eben keine Ausnahme mehr. Sondern eine Gewohnheit. Ich erinnere mich, wie ich früher genauso war.

Hatte ich einen stressigen Tag überlebt? Belohnung.

Hatte ich brav einen Salat gegessen? Belohnung.

Hatte ich fünf Minuten Sport gemacht? Belohnung!

Im Grunde war jede Handlung – selbst das normale Funktionieren – eine Berechtigung, etwas zu essen. Als wäre das Leben ein Parcours aus Prüfungen, die nur mit Schokolade zu bewältigen sind. Dabei merkte ich nicht, dass ich mich mit meinen eigenen «Belohnungen» ständig sabotierte. Ich lief im Kreis: Ein Schritt vor, zwei zurück – dank Mousse au Chocolat.

Anna strich sich genüsslich eine Sahnefahne von der Nase und seufzte: «Das hab ich mir aber echt verdient.»

Ich lächelte. Ja, vielleicht. Aber manchmal verdient man sich etwas viel Besseres als nur Kalorien.

Heute gönne ich mir auch Belohnungen – nur anders. Ein schönes Buch, ein Spaziergang am See, ein Kinobesuch. Oder, wenn's kulinarisch sein soll, dann bewusst: eine kleine Portion, genossen, nicht eingeatmet. Denn eine echte Belohnung fühlt sich nachher gut an – nicht nur in dem Moment selbst.

Anna bestellte sich noch ein zweites Stück Kuchen. «Ist ja Freitag», sagte sie augenzwinkernd.

Ich wünschte ihr einen schönen Abend und verliess das Café – satt, zufrieden, ohne Kuchen. Und voller Freude darüber, dass ich meine Belohnungen heute anders wähle.

Moral: Nicht jede Anstrengung verlangt nach Torte. Manchmal reicht ein Lächeln – oder der Stolz auf sich selbst.

Die Restefalle

Im Büro war es wieder einmal Zeit fürs Mittagessen. Die Kollegen sassen zusammen, die Teller waren bunt gefüllt und die Stimmung gut. Doch sobald der Erste bekannt gab, dass er satt sei, begann das altbekannte Ritual: «Ach, das darfst du nicht stehen lassen!», «Wir essen doch alles auf, sonst ist es Verschwendung!» Und so griffen alle beherzt zu, um auch den kleinsten Rest auf dem Teller zu vernichten.

Ich beobachtete das mit einem leichten Stirnrunzeln. Klar, Lebensmittel wegwerfen ist schlecht, und es ist gut, achtsam zu sein. Aber dieses zwanghafte Aufessen – das kann auch zur Falle werden. Denn unser Körper braucht Zeit, um Sättigungssignale zu senden. Erst nach 15 bis 20 Minuten merkt man wirklich, ob man satt ist. Wenn man sich aber zwingt, den Teller leer zu essen, obwohl der Magen schon «Stopp» sagt, gewöhnt man sich an ein falsches Essverhalten.

Ich erinnerte mich an meine eigene Zeit, als ich immer alles aufessen wollte – aus Respekt, aus Gewohnheit, aus Angst, etwas zu verschwenden. Dabei habe ich oft über die eigentliche Sättigung hinaus gegessen, nur um den Teller leer zu bekommen. Das führte dazu, dass ich mich aufgebläht und träge fühlte, und die Kilos schlichen sich langsam an.

Heute lasse ich bewusst kleine Reste auf dem Teller, wenn ich satt bin. Das ist keine Verschwendung, sondern ein Zeichen von Selbstkontrolle und Achtsamkeit. Denn Essen soll Freude machen, nicht zum Zwang werden. Und wer sich nicht zum Aufessen zwingt, lernt, auf seinen Körper zu hören – und bleibt langfristig schlanker und zufriedener.

Am Ende der Mittagspause hörte ich, wie ein Kollege seufzte: «Ich bin so satt, aber der Teller ist noch nicht leer.» Ich lächelte und dachte: «Man wird nicht schlank geboren – und man muss auch nicht jeden Rest essen, um höflich zu sein.»

Moral: Das zwanghafte Aufessen von Resten ist eine Essfalle, die oft aus alten Gewohnheiten und falschem Pflichtgefühl entsteht. Wer lernt, auf die eigenen Sättigungssignale zu achten und auch mal einen kleinen Rest übrig lässt, schützt sich vor Überessen und fühlt sich besser – ohne schlechtes Gewissen.

Die Gratisfalle

Es war wieder einer dieser Tage im Büro, an denen ein Werbetross durch die Innenstadt zog und kostenlose Proben verteilte. Kaum hatte jemand das Wort «Gratis» ausgesprochen, war die halbe Belegschaft wie elektrisiert. «Da vorne gibt's heute Joghurt umsonst!», rief Herr Lehmann begeistert und schon eilten die Kollegen los – als gäbe es Gold zu holen.

Ich beobachtete das Spektakel mit einem amüsierten Kopfschütteln. Niemand fragte, ob er überhaupt Hunger hatte oder ob das Joghurt schmeckte – Hauptsache, es war gratis. Frau Schneider, die sonst immer auf ihre Linie achtete, schnappte sich gleich zwei Portionen. «Wenn's nichts kostet, kann man ja mal zugreifen!», lachte sie und öffnete schon die erste Packung.

Ich erinnerte mich an meine eigenen Zeiten als Gratisjäger. Kein Werbestand war vor mir sicher. Kekse, Schokolade, Chips – alles wurde mitgenommen, egal ob ich Appetit hatte oder nicht. Das Ergebnis: Ich ass oft nur, weil es kostenlos war, nicht weil ich hungrig war. Die Kalorien summierten sich heimlich, und die Waage zeigte es mir später gnadenlos.

Heute weiss ich: Gratis ist selten wirklich umsonst. Meist zahlt man später mit überflüssigen Kalorien, schlechtem Gewissen oder dem Frust über die enge Hose. Ich habe gelernt, nur dann zuzugreifen, wenn ich wirklich Lust darauf habe – und nicht, weil es nichts kostet.

Zurück im Büro verteilten die Kollegen stolz ihre Gratisbeute. «Willst du auch einen?», fragte Herr

Lehmann. Ich lächelte und sagte: «Danke, aber ich bin schon satt – und gratis wird man auch nicht schlank.»

Moral: Die Gratisfalle lockt uns, mehr zu essen, als wir brauchen – nur weil es nichts kostet. Wer lernt, auf den eigenen Hunger zu hören statt auf das Preisschild, bleibt leichter und zufriedener. Gratis ist nicht immer ein Gewinn – vor allem nicht für die Figur!

Die Frustfalle

Es war ein verregneter Sonntagnachmittag, als ich Lara im Supermarkt traf.

Sie stand vor dem Schokoladenregal und starrte in die endlose Auswahl an süssen Versuchungen.

«Schlechter Tag?», fragte ich vorsichtig.

Lara nickte und wischte sich eine Haarsträhne aus dem Gesicht. «Alles schiefgelaufen heute. Und jetzt… brauche ich einfach was.»

Ich beobachtete, wie sie gleich drei Tafeln Schokolade, eine Tüte Chips und eine Packung Kekse in ihren Einkaufswagen legte.

Schnell, als müsste sie sich selbst davon überzeugen, dass sie das alles wirklich brauchte.

Früher hätte ich genauso reagiert.

Stress im Büro? Schokolade.

Streit mit dem Partner? Kuchen.

Langeweile? Eis aus dem Gefrierfach.

Essen als Trostpflaster – nur leider kein besonders gutes. Denn das Problem blieb, der Ärger blieb – nur der Bauch wurde voller.

Ich erinnerte mich an Abende, an denen ich mich mit einem Stück Schokolade trösten wollte – und Stunden später aufwachte, die leere Verpackung neben mir, den Frust noch grösser und das schlechte Gewissen gleich mitgeliefert.

Lara schob den Wagen zur Kasse, das Gesicht entschlossen.

Ich lächelte leise. Heute wusste ich: Probleme lassen sich nicht aufessen. Kummer wird nicht weniger, wenn man ihn mit Kalorien zuschüttet.

Was hilft, ist etwas anderes: Bewegung, Freunde, ein gutes Gespräch.

Oder manchmal einfach das Aushalten von schlechter Laune – ohne den Reflex, sie mit Essen bekämpfen zu müssen.

Als ich den Supermarkt verliess, spürte ich einen kurzen Impuls: Ein Stück Schokolade wäre jetzt auch schön. Aber ich liess ihn vorbeiziehen – wie eine dunkle Wolke, die irgendwann weiterzieht.

Moral: Essen löst keine Probleme – es deckt sie nur kurzzeitig zu. Wirkliche Lösungen schmecken besser.

Die Alles-oder-Nichts-Falle

Samstagabend, Geburtstagsfeier bei Freunden. Das Buffet bog sich unter der Last von Köstlichkeiten: Lasagne, Brot, Antipasti – und mitten drin ein riesiger Schokoladenkuchen.

Ich beobachtete Tom. Seit Wochen hatte er sich streng an seinen Ernährungsplan gehalten. Keine Ausnahmen, keine «kleinen Sünden». Alles genau nach Plan.

Doch an diesem Abend geschah es: Ein winziges Stück Kuchen landete auf seinem Teller.

Zunächst sah er etwas schuldbewusst aus. Doch dann, nach dem ersten Bissen, veränderte sich etwas.

Eine Mischung aus Trotz und Aufgeben lag auf seinem Gesicht.

«Jetzt ist's auch egal!», lachte er und griff sich noch ein grosses Stück. Und gleich danach: ein Glas Wein, Chips, noch mehr Kuchen. Alles oder nichts.

Früher dachte ich genauso. Hatte ich einmal mein Ziel verfehlt – sei es auch nur durch eine kleine Nachlässigkeit – war sofort alles verloren.

«Jetzt kann ich auch gleich richtig reinhauen», war dann meine innere Stimme.

Aber heute weiss ich: Ein einziger Ausrutscher macht keinen Unterschied. Das, was danach passiert, entscheidet alles.

Ein falscher Bissen? Macht nichts.

Eine falsche Mahlzeit? Auch nicht schlimm.

Aber ein ganzes Wochenende oder eine ganze Woche deshalb aufzugeben – das war der wahre Schaden.

Tom verliess die Party später mit schwerem Bauch und noch schwererem Gewissen.

Ich dagegen nahm mir eine kleine Portion Lasagne, genoss sie – und blieb entspannt. Denn ein einzelner Schritt daneben bedeutet nicht, dass man den ganzen Weg aufgeben muss.

Moral: Perfektion ist nicht nötig. Konsequenz entsteht aus kleinen Entscheidungen – auch nach einem Fehltritt.

Die Social-Media-Falle

Sonntagmorgen. Ich scrollte durch mein Handy und blieb bei einem Post von Julia hängen.

«Mein Clean-Eating-Frühstück! #healthy #fitlife», stand da. Auf dem Bild: ein perfekt angerichteter Teller mit Avocado-Toast, Chiasamen-Pudding und einem Smoothie.

Ich musste schmunzeln. Ich kannte Julia. Und ich wusste: Dieses Frühstück war nicht ihr Alltag – sondern ihre Ausnahme.

Nur wenige Stunden später traf ich sie im Café. Vor ihr stand ein riesiger Pancake-Stapel mit Schlagsahne und Schokoladensosse.

«Heute gönn ich mir was!», rief sie lachend, als sie mich sah. «Aber morgen – da geht's wieder richtig los!»

Wieder ein typisches Muster: Online zeigte Julia ein Idealbild – und glaubte irgendwann selbst daran.

In den sozialen Medien sah alles perfekt aus: Grüne Smoothies, Yoga-Posen am Strand, leichte Salate. Aber in der Realität bestand der Alltag oft aus Stress, schnellen Snacks und Frustessen.

Ich kenne das Gefühl. Früher hatte ich auch geglaubt, dass andere «perfekt» leben – und ich allein schwach bin.

Aber Social Media ist ein Schaufenster, keine Lebensbilanz. Manchmal essen Menschen einen Salat – und manchmal eine Familienpizza. Nur posten sie eben nur den Salat.

Heute vergleiche ich mich nicht mehr. Mein Frühstück muss nicht instagrammable sein. Es muss nur mir guttun.

Julia bestellte sich noch eine heisse Schokolade. Ich nickte ihr freundlich zu und trank in aller Ruhe meinen Kaffee – ohne Filter, ohne Hashtag.

Moral: Vergleichen Sie sich nicht mit Hochglanzbildern. Leben Sie Ihr echtes Leben – nicht einen bearbeiteten Ausschnitt davon.

Die Restaurant-Falle

Freitagabend, ich war mit Kollegen essen. Ein schönes italienisches Lokal, gemütliche Stimmung, Kerzenlicht.

«Bestell doch auch eine Pizza!», rief mein Kollege Leo mir lachend zu, als ich in die Karte blickte.

Früher hätte ich es getan. Nicht weil ich wirklich Lust auf Pizza gehabt hätte – sondern, weil ich nicht «anders» sein wollte.

Restaurantbesuche sind tückisch. Man isst oft das, was andere bestellen. Man fühlt sich verpflichtet, mitzuhalten. Man will «mitgeniessen» – auch wenn der Hunger vielleicht längst gestillt ist.

Und weil die Portionen riesig sind, isst man auch riesige Mengen – nur, weil sie auf dem Teller liegen.

An diesem Abend aber machte ich es anders. Ich bestellte mir einen Salat mit gebratenem Hähnchen – weil ich genau darauf Lust hatte. Nicht aus Pflichtgefühl, sondern aus echtem Appetit.

Leo grinste, aber sagte nichts weiter. Und ich genoss mein Essen – genauso wie die Gesellschaft.

Die Falle beim Auswärtsessen ist nicht das Essen selbst. Sondern das Denken, dass man mitessen muss, was die anderen tun.

Heute weiss ich: Ich esse, was ich möchte. Nicht, was das Umfeld vorgibt. Und komischerweise: Je entspannter ich selbst bin, desto weniger fällt es anderen überhaupt auf.

Leo schob sich ein riesiges Tiramisu rein. Ich lächelte ihm zu – ohne Neid, ohne Verzichtsgefühl.

Denn echte Freiheit schmeckt besser als jede Sahneschicht.

Moral: Essen gehen heisst geniessen – aber geniessen, was zu Ihnen passt, nicht was alle anderen tun.

Die Sich-selbst-Verwirren-Falle

Ich sass mit Tanja beim Kaffee. «Ich weiss nicht mehr, was ich glauben soll», seufzte sie. «Low Carb, Intervallfasten, Keto, vegane Ernährung… überall steht was anderes!»

Ich nickte verständnisvoll. Ich kannte dieses Gefühl: die völlige Verwirrung. Heute war Brot verboten. Morgen sollte man fünf Mahlzeiten am Tag essen. Übermorgen nur noch Rohkost.

Und so sprang ich früher von einer Regel zur nächsten – ohne je wirklich irgendwo anzukommen. Ständig neue Pläne, neue Verbote, neue Trends. Doch mein Körper hatte am Ende nur eines: Stress. Er wusste ja auch nicht mehr, was ich von ihm wollte.

Heute halte ich es einfach: Essen, was mir guttut. Regelmässig. Bewusst. Ohne Dogmen. Kein Superfood der Welt ersetzt eine entspannte Haltung zum eigenen Körper.

Tanja scrollte durch ihr Handy, seufzte erneut und schüttelte den Kopf.

Ich lächelte. Wenigstens eine Entscheidung hatte ich längst getroffen: Nicht mehr jedem neuen Hype hinterherrennen. Denn manchmal ist weniger Wissen – mehr Weisheit.

Moral: Wer weniger Regeln aufstellt, findet leichter den Weg zu einem entspannten Essverhalten.

Die Sonntagsfalle

Sonntagnachmittag, das Wetter war trüb und ich spazierte gemütlich durch den Park.

Auf einer Bank sah ich Tim und seinen Kumpel Max, beide in Jogginghosen, mit einem riesigen Eisbecher in der Hand.

«Morgen geht's los!», rief Tim mir zu und hielt seinen Löffel wie einen Triumphstab in die Luft.

Ich musste lachen. «Morgen» – das Zauberwort aller guten Vorsätze.

Tim war ein typischer Vertreter der Sonntagsfalle. An Wochentagen vielleicht noch halbwegs diszipliniert, aber ab Freitagabend gab es keine Regeln mehr. Das Wochenende war der Freifahrtschein für Pizza, Eis, Bier und Torte. Denn am Montag, da würde natürlich alles anders werden.

«Am Montag fang ich an», hörte ich ihn sagen, während er den nächsten Löffel Eis in sich hineinschob.

Und wenn der Montag kam? Dann war plötzlich so viel Stress im Büro, ein Geburtstagskuchen in der Küche, schlechtes Wetter oder ein dringender Anlass da, um zu sagen: «Ach, diese Woche noch nicht. Aber nächsten Montag ganz bestimmt!»

Ich kannte das Muster gut. Ich lebte jahrelang von einem imaginären «Neustart» zum nächsten. Und weil ich ja wusste, dass ich bald diszipliniert sein würde, liess ich es bis dahin erst recht krachen.

Logisch: wenn morgen Verzicht kommt, dann heute nochmal richtig reinhauen! Was ich dabei nicht merkte: Die Sonntagsfalle war eine Endlosschleife.

Immer auf den perfekten Moment warten, immer aufs bessere Morgen hoffen – und dabei jeden Tag ein bisschen weiter vom Ziel wegrutschen.

Irgendwann hatte ich begriffen:

Nicht der Montag ist wichtig.

Nicht der 1. Januar.

Nicht der «richtige Zeitpunkt».

Sondern der Moment, in dem ich eine bessere Entscheidung treffe.

Jetzt.

Heute.

Tim leckte genüsslich seinen Löffel ab.

«Nächste Woche lauf ich dann jeden Tag!», verkündete er und wischte sich einen Klecks Sahne aus dem Bart.

Ich nickte ihm freundlich zu. Und setzte meinen Spaziergang fort – ohne Eis, aber mit der ruhigen Gewissheit, dass Veränderung kein grosser Plan braucht. Nur einen kleinen Anfang. Am besten jetzt.

Moral: Die beste Zeit zu starten ist immer jetzt – nicht nächsten Montag.

Die Aufschiebe-Falle

Montagmorgen. Im Fitnessstudio traf ich Sven. Er schlenderte mit seiner Sporttasche über der Schulter an mir vorbei, winkte kurz – und setzte sich in die Lounge.

«Heute fang ich an!», rief er mir grinsend hinterher.

Ich lächelte. Ich hatte diesen Satz schon so oft gehört – und früher selbst unzählige Male gesagt.

Heute nicht.

Morgen bestimmt.

Nächste Woche auf jeden Fall.

Sven sass immer noch in der Lounge, als ich eine Stunde später verschwitzt vom Training zurückkam.

Er tippte auf seinem Handy und bestellte sich einen Kaffee. «Bisschen ungünstig heute», murmelte er, «muss noch ein paar Sachen erledigen. Aber nächste Woche geht's richtig los!»

Ich nickte höflich. Früher glaubte ich auch, dass der perfekte Zeitpunkt noch kommen würde. Wenn weniger Stress war. Wenn das Wetter besser war. Wenn ich mich endlich richtig bereit fühlte.

Aber der perfekte Zeitpunkt kommt nie. Es gibt immer etwas, das dazwischenkommt. Anfangen muss man trotzdem – gerade dann.

Heute weiss ich: Anfangen ist nicht die Kunst. Dranbleiben ist die Herausforderung. Aber der allererste Schritt passiert immer jetzt. Nicht morgen. Nicht nächste Woche.

Sven winkte mir zum Abschied zu – mit demselben Lächeln und derselben Entschlossenheit, die ich selbst so gut kannte.

Vielleicht würde er nächste Woche anfangen. Vielleicht auch nicht.

Ich aber wusste: Ich hatte heute wieder einen kleinen Schritt gemacht. Und kleine Schritte sind alles, was zählt.

Moral: Warten auf den perfekten Moment hält uns auf. Besser: Einfach anfangen – auch wenn alles noch nicht perfekt ist.

Die Saisonfalle

Es war Anfang November, als ich mich das erste Mal bewusst fragte: Warum nimmt man eigentlich immer im Winter zu?

Ich sass mit meiner Freundin Carla bei einem Tee zusammen, während draussen die ersten Lichterketten aufgehängt wurden.

«Jetzt beginnt ja eh die Ausnahmezeit», seufzte sie und nippte an ihrem Chai Latte.

Die Ausnahmezeit. Ein endloser Reigen: Halloween, Sankt Martin, Adventszeit, Weihnachtsmärkte, Festtage, Neujahr, Fasnacht.

Und danach? Kommt der Frühling, und damit Ostern, Geburtstage, Grillfeste, Sommerpartys.

Mit anderen Worten: Es gibt immer einen Grund, zu feiern – und immer eine Ausrede, vernünftige Gewohnheiten «für später» aufzuheben.

Carla schwärmte gerade von den Zimtsternen, die sie backen wollte. Und den Lebkuchen. Und natürlich der heissen Schokolade mit Sahne.

«Jetzt sparen lohnt doch nicht», sagte sie und fügte fast trotzig hinzu: «Man will sich doch was gönnen in der dunklen Jahreszeit!»

Ich lächelte. Natürlich will man das. Aber ich hatte gelernt: Es geht nicht darum, sich alles zu verbieten.

Es geht darum, bewusst zu wählen.

Früher war für mich jede Saison ein Freibrief:

«Jetzt ist Weihnachten, da darf man.»

«Jetzt ist Sommer, da grillt man halt.»

Und am Ende war jede Jahreszeit – Überraschung – eine Ausrede.

Heute geniesse ich bewusst. Zwei Plätzchen, nicht zwanzig. Ein Glühwein, nicht fünf.

Genuss, der bewusst gewählt ist, fühlt sich wunderbar an. Genuss, der achtlos in Massen passiert, macht träge und müde.

Carla kritzelte Weihnachtswünsche in ihr Notizbuch. Ich schrieb innerlich meine eigene kleine Notiz: Geniessen ja – aber nicht vergessen, dass ich die Wahl habe.

Und manchmal ist das grösste Geschenk, auf das dritte Stück Lebkuchen einfach zu verzichten.

Moral: Es gibt immer einen Anlass zum Feiern – aber noch mehr Gründe, auf sich selbst zu achten.

Die Urlaubsfalle

Juli. Sommerferienzeit. Ich sass am Flughafen, wartete auf meinen Flug und beobachtete die Menschenmengen, die sich mit Coffee-to-go und Croissants bewaffnet durch die Gänge schoben.

Neben mir liess sich Frank schwer auf einen Stuhl fallen. Er war ausser Atem, seine Einkaufstasche voll mit Chips, Schokoriegeln und Softdrinks.

«Im Urlaub wird nicht gezählt!», grinste er.

Ich grinste zurück. Natürlich nicht. Urlaub – das war früher für mich auch immer: Ausnahmezustand.

Im Hotelbuffet: drei Gänge Frühstück, dann ein zweites Frühstück am Pool, später Cocktails, Eis, und am Abend ein Vier-Gänge-Menü.

Schliesslich wollte man ja geniessen. Kalorien? Zählten nicht. Bewegung? Höchstens zum Buffet. Nach zwei Wochen Urlaub kam ich oft schwerer heim als mein Koffer.

Und dann? Musste wieder ein «Neustart» her. Mit noch mehr Frust.

Heute sehe ich das anders. Urlaub ist keine Pause von der Achtsamkeit. Sondern eine Möglichkeit, neue Genüsse zu entdecken – und trotzdem sich selbst treu zu bleiben.

Einmal am Strand spazieren statt den Aufzug nehmen. Den gegrillten Fisch geniessen statt das dritte Stück Torte. Ein Eis – ja – aber bewusst, und nicht als Reflex.

Frank biss genüsslich in einen Schokoriegel. Ich zog eine Wasserflasche aus meiner Tasche und genoss den Moment.

Der Urlaub sollte leicht machen – nicht schwer. Und die beste Erinnerung ist nicht der Nachtisch – sondern das gute Gefühl, sich wohlzufühlen im eigenen Körper.

Moral: Urlaub ist zum Geniessen da – aber echter Genuss braucht kein Übermass.

Die Snackfalle

Es war ein ganz normaler Arbeitstag. Ich sass im Grossraumbüro, tippte auf meiner Tastatur und spürte irgendwann ein leichtes Ziehen im Magen.

Nicht richtig Hunger.

Eher so ein… Bedürfnis.

Nach etwas Kleinem. Ein bisschen Energie.

Ohne gross nachzudenken, griff ich nach der Schublade rechts von mir.

Und da waren sie: die Notfallriegel, ein paar Bonbons, ein halbes Tütchen Studentenfutter.

Ich nahm mir eine Handvoll Nüsse – schliesslich gesund, oder?

Zwei Stunden später war das Tütchen leer.

Und ich merkte es kaum.

Genau das ist die Snackfalle.

Kleine Bissen hier, kleine Häppchen da – nichts davon scheint viel zu sein.

Und trotzdem summiert es sich auf.

Früher dachte ich, ich esse wenig, weil ich nie grosse Mahlzeiten zu mir nahm.

Aber in Wahrheit war mein Alltag durchzogen von Mini-Snacks: Kekse bei der Besprechung, ein Stück Käse beim Kühlschrankgang, ein Müesliriegel zwischen zwei Terminen.

Die Summe der kleinen Dinge machte den Unterschied.

Ich schaute zu meiner Kollegin Sabine. Sie war immer beschäftigt, immer auf Zack – und immer am Knabbern.

«Das bisschen schadet doch nicht», sagte sie oft.

Doch genau das bisschen war es, das verhinderte, dass sich irgendetwas veränderte.

Heute handhabe ich es anders: Wenn ich Hunger habe, esse ich bewusst. Eine richtige Mahlzeit. Und wenn ich keinen Hunger habe, bleibt die Schublade zu.

Snacks sind nicht der Feind. Aber ständiges, unbewusstes Naschen – das ist der stille Saboteur.

Sabine kramte gerade nach einer neuen Packung Gummibärchen.

Ich nippte an meinem Wasser und tippte weiter.

Manchmal ist der grösste Fortschritt nicht ein neues Diätprogramm. Sondern einfach mal: nichts zu essen, wenn man keinen echten Hunger hat.

Moral: Die kleinen Snacks summieren sich – und verhindern oft, dass der grosse Erfolg sichtbar wird.

Die Light-Produkt-Falle

Samstagvormittag im Supermarkt. Ich schob meinen Wagen durch die Gänge, vorbei an Regalen voller Joghurts, Müeslis, Softdrinks.

Alles schrie mich an: «Light!», «Zero!», «Weniger Fett!», «Ohne Zucker!».

In der Tiefkühlabteilung stand Anna, eine alte Bekannte. Ihr Einkaufswagen war randvoll mit fettarmen Joghurts, Diät-Cola, Light-Chips, Low-Fat-Keksen.

«Ich achte jetzt total auf meine Ernährung!», rief sie mir begeistert zu.

Ich nickte freundlich.

Früher war ich genauso. Ich dachte: Wenn ich Light-Produkte kaufe, dann esse ich automatisch gesünder. Und weil sie ja so «leicht» sind, kann ich auch ruhig ein bisschen mehr davon essen.

Doppelte Portion, halbes Gewissen. Das Ergebnis: kein Gewichtsverlust, oft sogar eine Zunahme.

Was ich damals nicht verstand: Light bedeutet nicht gesund. Light bedeutet nur: ein bisschen weniger Zucker oder Fett – aber oft mehr Chemie, mehr Süssstoffe, mehr versteckte Kalorien.

Und schlimmer noch: Light-Produkte suggerieren eine Art Freibrief. Man isst mehr, weil man glaubt, es sei erlaubt.

Anna packte gerade die fünfte Packung «Low-Fat-Schokopudding» in ihren Wagen.

Ich hingegen griff zu: Naturjoghurt, frisches Obst, eine Tüte Mandeln. Keine Labels, keine grossen Versprechungen. Nur echte Lebensmittel.

Denn am Ende zählt nicht, was auf der Packung steht. Sondern was drin ist – und was ich daraus mache.

Anna winkte mir fröhlich zu, während sie zur Kasse eilte. Ich lächelte ihr nach – und freute mich auf mein ehrliches Frühstück.

Moral: Light-Produkte machen kein leichtes Leben – echte, natürliche Lebensmittel schon.

Die Stressfalle

Es war einer dieser Tage. Mein Kalender war voll, die E-Mails stapelten sich, das Telefon klingelte im Minutentakt.Keine Zeit, keinen Überblick, keine Pause.

Und dann passierte es. Wie automatisch griff ich in meine Schreibtischschublade und zog eine Packung Schokolade heraus. Nur ein Stück, dachte ich.

Aber ein Stück wurde zwei, wurde vier, wurde fast die ganze Tafel. Und das Schlimmste: Ich merkte es kaum. Die Stressfalle schlägt nicht mit lautem Knall zu. Sie schleicht sich leise an.

Früher glaubte ich, Essen würde mir helfen, Stress abzubauen. Ein Stück Schokolade, ein Keks, ein schneller Snack – als kleine Belohnung, als Trost.

In Wirklichkeit fütterte ich nur meinen Frust. Der Stress blieb. Nur die Kalorien kamen dazu.

Heute habe ich gelernt: Essen löst keine Probleme.

Es verschiebt sie nur. Und zwar vom Kopf in den Bauch.

Jetzt, wenn ich merke, dass ich unter Strom stehe, mache ich etwas anderes: Fünf Minuten rausgehen.

Tief durchatmen. Eine Runde ums Büro laufen. Manchmal schreibe ich sogar bewusst auf: Was stresst mich gerade wirklich? Und siehe da: Mit klarem Kopf schrumpfen die Probleme – und auch der Heisshunger.

An diesem hektischen Tag setzte ich mich in meiner Pause kurz auf eine Bank vor dem Büro. Kein Snack, kein Handy, nur ich und ein bisschen frische Luft.

Als ich zurückkam, fühlte ich mich ruhiger. Und die Schokolade blieb, wo sie war. Denn der echte Stresskiller sitzt nicht in der Schublade. Sondern im Kopf.

Moral: Stress isst man nicht weg – man löst ihn anders.

Die Fernsehfalle

Freitagabend. Die Woche war geschafft, ich war müde, glücklich – und vor allem: hungrig. Oder war es gar kein richtiger Hunger?

Ich schaltete den Fernseher an und liess mich aufs Sofa plumpsen. Die Fernbedienung in der einen Hand, eine Tüte Chips in der anderen.

Kaum hatte die erste Serie begonnen, griff ich automatisch immer wieder in die Tüte. Ein Chip, zwei Chips, zehn Chips – ohne überhaupt zu merken, dass ich ass. Ich war nicht wirklich hungrig. Ich war beschäftigt. Mit Schauen. Mit Entspannen. Mit Abschalten. Und genau das ist die Fernsehfalle.

Wenn die Aufmerksamkeit woanders liegt, isst man nicht bewusst. Man merkt nicht, wann man satt ist. Man isst einfach weiter – mechanisch, gedankenlos.

Früher war mein Sofa mein gefährlichster Ort. Eine Packung Kekse war in einer halben Stunde verschwunden, eine grosse Pizza nebenbei verputzt, ein Eisbecher ohne echtes Geniessen gelöffelt.

Ich redete mir ein: «Ich habe es mir verdient, ich brauche das jetzt.» In Wahrheit war es reine Gewohnheit.

Heute habe ich eine klare Regel: Ich esse am Tisch. Nicht vor dem Fernseher, nicht auf der Couch. Wenn ich esse, dann esse ich. Wenn ich fernsehe, dann sehe ich fern. Das mag streng klingen, aber es hat mein Leben verändert. Ich geniesse bewusster. Ich esse weniger. Und ich fühle mich besser.

Als ich später an diesem Abend kurz ins Wohnzimmer zurückkam, sah ich meinen alten Freund Leo auf dem Sofa: Chipstüte auf dem Bauch, Chipskrümel auf dem Shirt, der Blick völlig versunken in die Serie.

Ich musste schmunzeln. Wie oft ich genauso da lag. Heute kann ich geniessen – bewusst, nicht beiläufig. Leo drehte sich um und rief: «Willst du auch was?»

Ich winkte ab. «Nein danke. Ich geniesse heute lieber mein gutes Gefühl.»

Moral: Essen gehört an den Tisch – nicht aufs Sofa. Bewusstes Geniessen statt gedankenlosem Kauen.

Die Portionsgrössenfalle

Sonntagmittag im Restaurant. Ich sass mit Freunden an einem riesigen Holztisch. Die Speisekarten waren bunt, die Gerichte klangen köstlich.

«Ich nehme den Burger!», rief einer.

«Für mich das Riesen-Schnitzel!», ein anderer.

Ich bestellte einen Salat mit Hähnchenbrust – ich wusste aus Erfahrung: Die Portionen hier waren riesig.

Als die Teller kamen, staunte ich trotzdem. Mein Salat glich einem kleinen Berg, garniert mit Käse, Croutons und einer dicken Schicht Dressing. Früher hätte ich mich jetzt innerlich gedrängt gefühlt: «Du hast es bestellt, also iss es auch auf!»

Heute weiss ich: Ich muss nicht alles essen, was auf dem Teller liegt. Die Portionsgrössenfalle ist tückisch. Wir wachsen mit dem Glauben auf:

«Iss deinen Teller leer.»

«Verschwende kein Essen.»

Aber mein Körper braucht keine Mengen, sondern Bedürfnisse. Ich fing an, langsam zu essen. Bewusst zu kauen. Auf meinen Magen zu hören. Und siehe da: Nach der Hälfte war ich satt. Ich legte Messer und Gabel weg.

Mein Freund Marc schaufelte dagegen sein Riesen-Schnitzel in sich hinein, obwohl er schon stöhnte. «Schmeckt gut, aber… ich platze gleich!», japste er.

Ich musste schmunzeln. Wie oft ich mich früher genauso fühlte – schwer, träge, müde.

Heute weiss ich: Es ist kein Zeichen von Stärke, riesige Portionen zu bewältigen. Es ist ein Zeichen von Achtsamkeit, rechtzeitig aufzuhören.

Ich liess mir den Rest meines Salats einpacken. Und ging leicht und zufrieden aus dem Restaurant – mit mehr Energie, weniger Bauchweh und einem Lächeln.

Moral: Ihr Teller muss nicht leer sein – Ihr Körper muss zufrieden sein.

Die Gesundheitsfalle

Sonntagmorgen, Bioladen. Ich schlenderte zwischen Regalen voller «Superfoods», Dinkelkekse, Proteinriegel und veganen Aufstrichen. Alles wirkte gesund, leicht, natürlich. Ich fühlte mich gleich ein bisschen schlanker, nur beim Anblick.

Früher griff ich beherzt zu:

Dinkelkekse statt Schokokekse.

Vegane Schokoladencremes.

Nussriegel statt Schokoriegel.

Und weil es ja alles so «gesund» klang, ass ich davon auch gleich grössere Portionen. Ein bisschen mehr Nussmus hier, ein zweiter Proteinriegel da.

Das Ergebnis? Die Waage zeigte trotzdem nach oben. Die Gesundheitsfalle funktioniert subtil: Wenn etwas gesund erscheint, unterschätzen wir die Kalorien.

Ein Dinkelkeks hat oft genauso viel Zucker und Fett wie ein normaler Keks. Nussmus enthält massenhaft Kalorien, auch wenn es bio und ohne Zusätze ist. Gesund heisst nicht kalorienarm. Natürlich heisst nicht grenzenlos.

Heute schaue ich genauer hin: Wie viel Zucker steckt drin? Wie gross ist eine Portion wirklich? Esse ich das gerade bewusst – oder nur, weil es sich «besser» anfühlt?

An diesem Morgen im Bioladen legte ich ein Glas Nussmus in den Wagen. Aber zu Hause ass ich davon einen kleinen Löffel – nicht ein halbes Glas. Bewusst geniessen – das ist die wahre Kunst.

Moral: «Gesund» ist kein Freibrief für unbegrenztes Essen. Auch natürliche Lebensmittel haben Kalorien. Bewusst essen bleibt die wichtigste Zutat.

Die Wochenendfalle

Freitagabend. Die Arbeitswoche war vorbei. Endlich abschalten! Früher hiess das für mich: Essen, was ich wollte. Trinken, was ich wollte. Völlig ohne Regeln.

Freitags Pizza, Samstags Schokoriegel, Sonntags ein opulentes Frühstück mit Croissants, Marmelade, Nutella, Wurst, Käse.

Unter der Woche lebte ich diszipliniert. Salat, Wasser, kleine Portionen.

Aber am Wochenende? Alles war erlaubt.

Und dann wunderte ich mich: Warum tut sich auf der Waage nichts?

Oder schlimmer: Warum werde ich trotzdem immer runder?

Es brauchte lange, bis ich die Wochenendfalle erkannte: Zwei Tage Ausnahme summieren sich schnell auf. Wenn man unter der Woche täglich 300–400 Kalorien einspart, aber am Wochenende 2000–3000 Kalorien extra isst, hebt sich alles auf – oder schlimmer.

Heute denke ich anders: Auch am Wochenende gibt es Struktur. Ein besonderes Essen? Ja – aber bewusst geplant. Ein Glas Wein? Vielleicht – aber nicht sechs. Frühstück wie ein König – ja, aber nicht wie ein König und drei Ritter.

Am letzten Wochenende sass ich mit Freunden beim Brunch. Ich gönnte mir ein Croissant – bewusst, mit Genuss. Aber danach blieb es bei einem normalen Teller mit Rührei und Salat. Kein Völlen, kein «jetzt ist es eh egal»-Denken. Ich genoss mein Wochenende.

Aber ich behielt die Kontrolle. Das schönste Gefühl am Sonntagabend: Satt, zufrieden – und nicht reumütig.

Moral: Wochenenden sind keine Lücken im Lebensstil – sie sind Teil davon. Genuss geht auch ohne Kontrollverlust.

Die Urlaubsfalle

Sommer, Sonne, Strand. Zwei Wochen Mallorca. Ich war aufgeregt – und bereit, den Alltag hinter mir zu lassen.

Schon am Flughafen begann der Urlaub: Ein riesiges belegtes Baguette, ein Latte Macchiato, ein Stück Schokoladentorte – «Man gönnt sich ja sonst nichts!», dachte ich.

Im Hotel ging es nahtlos weiter: Frühstücksbuffet mit allem, was das Herz begehrt. Mittags ein Snack am Pool. Abends ein ausgedehntes Drei-Gänge-Menü. Und zwischendurch: Cocktails. Eis. Tapas. Chips am Strand.

Früher war das für mich normal: Urlaub = Ausnahmezustand. Alle Regeln aus dem Fenster werfen. Und danach das böse Erwachen: Drei, vier Kilo mehr auf der Waage. Das ungute Gefühl, wieder ganz von vorn anfangen zu müssen.

Die Urlaubsfalle hat viele Gesichter: Riesige Portionen. Endloses Snacken. «Belohnungen» an jeder Ecke. Irgendwann begriff ich: Urlaub ist zum Erholen da – nicht zum Überessen.

Heute mache ich es anders: Frühstück? Ja – aber ausgewählt: Joghurt mit Obst, ein kleines Brötchen. Mittag? Ein leichter Salat oder Obst. Abendessen? Ein Hauptgang – keine Völlerei. Cocktails? Vielleicht mal einer – nicht vier am Abend. Und vor allem: Viel Bewegung. Spazieren. Schwimmen. Tanzen.

Letzten Sommer auf Kreta genoss ich das Frühstück auf der Terrasse mit Blick aufs Meer: Frisches Obst, ein kleines griechisches Joghurt, ein Kaffee.

Mittags eine kleine Mezze-Platte, geteilt mit Freunden. Abends ein leichter Grillteller.

Ich fühlte mich wunderbar – leicht, energiegeladen, zufrieden. Am Ende der zwei Wochen hatte ich nicht zugenommen. Und vor allem: Ich hatte nichts vermisst. Denn Genuss bedeutet nicht Völlerei. Genuss bedeutet, bewusst zu wählen.

Moral: Urlaub ist keine Ausrede für massloses Essen. Echte Erholung beginnt im Kopf – und im Bauch.

Die Trinkfalle

Es war ein heisser Samstagnachmittag. Ich sass mit Freunden im Biergarten, die Sonne brannte, die Stimmung war ausgelassen. «Ein grosses Radler, bitte!», rief ich dem Kellner zu.

Früher dachte ich nie über Getränke nach. Essen war mein Fokus. Trinken? Einfach nur Begleitung.

Aber in Wahrheit schlummern in Getränken jede Menge Kalorien:

Ein grosses Bier? Rund 250 Kalorien.

Ein Latte Macchiato mit Sirup? 300 Kalorien.

Ein Glas Saft? 120 Kalorien – schnell weggetrunken. Und besonders tückisch: Getränkekalorien sättigen kaum. Man merkt sie nicht. Aber sie zählen.

An einem typischen Sommertag konnte ich locker nebenbei 1000 Kalorien nur durchs Trinken aufnehmen – ohne es zu merken.

Heute achte ich bewusst darauf: Wasser ist mein Hauptgetränk. Kaffee schwarz oder mit einem Schuss Milch – aber ohne Sirupbomben. Alkohol? Bewusst geniessen – und nicht als Durstlöscher missbrauchen.

An diesem Samstag bestellte ich mir ein grosses Wasser mit Zitronenscheiben. Später ein kleines Glas Weissweinschorle – viel Wasser, wenig Wein.

Meine Freunde lachten: «Ach komm, ein richtiges Bier geht schon!» Aber ich wusste: Ich will mich morgen gut fühlen. Und nicht dehydriert, aufgequollen und schlapp aufwachen.

Als ich am nächsten Morgen frisch und wach eine Runde joggen ging, fühlte ich mich bestätigt. Trinken ist wichtig – aber kluges Trinken macht den Unterschied.

Moral: Nicht nur das, was auf dem Teller liegt, zählt. Auch das Glas in der Hand kann Ihre Bilanz entscheiden.

Die Verlegenheitsfalle

Sonntagnachmittag. Kaffeekränzchen bei Tante Erna. Der Tisch bog sich unter Bergen von Kuchen, Torten, Keksen.

«Nimm doch noch ein Stück!», drängte Tante Erna. «Nur ein kleines!»

Früher konnte ich nicht Nein sagen. Ich wollte niemanden enttäuschen. Ich wollte freundlich sein. Also ass ich – auch wenn ich gar keinen Hunger mehr hatte.

Die Verlegenheitsfalle ist überall: Ein extra Stück Kuchen bei der Oma. Ein zweites Glas Wein beim Kollegen. Ein zusätzlicher Teller auf einer Party. Wir essen, weil wir dazugehören wollen. Weil wir höflich sein wollen. Nicht, weil wir hungrig sind.

Heute habe ich gelernt, freundlich, aber bestimmt abzulehnen: «Vielen Dank, ich bin wirklich satt. Es war köstlich!» oder «Später vielleicht ein kleines Stück, jetzt geniesse ich einfach den Kaffee.» oder «Ich freue mich schon aufs nächste Mal!»

Und siehe da: Die meisten Menschen verstehen es. Und wenn nicht? Auch gut. Mein Körper ist wichtiger als falsche Höflichkeit.

An diesem Nachmittag lächelte ich Tante Erna an, bedankte mich und nippte weiter an meinem Kaffee.

Später spazierte ich noch eine Runde durch den Park – leicht, beschwingt, ohne Völlegefühl.

Und Tante Erna? Sie war trotzdem glücklich. Weil ich da war. Nicht, weil ich ihren ganzen Kuchen gegessen hatte.

Moral: Essen ist kein Liebesbeweis. Ihre Gesundheit ist wichtiger als falsche Höflichkeit.

Die Sportfalle

Ich erinnere mich noch gut an den Tag, als ich nach dem Fitnessstudio in die Bäckerei ging. Ich hatte gerade eine Stunde auf dem Laufband verbracht, 500 Kalorien verbrannt.

Erleichtert und stolz auf mich, machte ich einen Abstecher in den Supermarkt. «Ich habe es mir verdient!», dachte ich, als ich an den frischen Croissants vorbeiging. Ich griff zu – zwei Stück, weil sie gerade frisch aus dem Ofen kamen.

Zuhause angekommen, gönnte ich mir eine Tasse Kaffee und biss zufrieden in das erste Croissant.

Der Gedanke, dass ich gerade mit diesem Croissant mehr Kalorien gegessen hatte als mit der halben Stunde auf dem Laufband, fiel mir erst beim zweiten Bissen auf.

Aber es war zu spät – das Croissant war einfach zu lecker. «Ach, so schlimm wird es schon nicht sein», dachte ich mir.

Doch als ich später auf die Waage stieg, war ich enttäuscht: Der Erfolg der Sporteinheit war irgendwie verpufft. Ich hatte mit den Croissants und anderen Kleinigkeiten den Kalorienverbrauch des Trainings wieder aufgehoben.

Die Sportfalle ist so verführerisch – besonders, wenn man denkt, man könne nach einer Trainingseinheit mehr essen.

In Wirklichkeit verbraucht unser Körper beim Sport zwar Kalorien, aber die Menge, die wir nach dem Training aufnehmen, ist entscheidend.

Heute habe ich gelernt, mit Sport anders umzuge-
hen: Das Training ist eine Investition in meine Gesundheit – aber keine Lizenz für Schlemmen. Ich höre
auf zu essen, wenn ich satt bin, auch nach dem Training. Eine kalorienreiche Belohnung nach dem Sport
ist selten sinnvoll.

An diesem Nachmittag, nach meiner Yogaeinheit,
verzichtete ich auf das Croissant und entschied mich
für einen grünen Smoothie. Er war erfrischend und
passte perfekt zu meiner Trainingseinheit.

Die Waage zeigte am nächsten Morgen ein besseres
Ergebnis – aber viel wichtiger: Ich fühlte mich gesund
und zufrieden.

Moral: Sport ist kein Freibrief für Völlerei. Die Kalorien, die Sie im Training verbrennen, verschwinden
nicht einfach in einem Snack.

Die «Nur ein Bissen»-Falle

«Ach komm, nur ein kleines Stück, dann ist es gut!» So fängt es oft an – und am Ende habe ich das ganze Stück gegessen.

Es war wie immer: In der Mittagspause standen Kollegen mit einer grossen Packung Kekse und boten mir welche an. «Du musst doch auch mal naschen!»

Früher hätte ich zugeschlagen – «Nur ein Bissen» wurde schnell zu einem ganzen Keks, dann zu zwei, dann zu drei.

«Wieso eigentlich nicht?», dachte ich immer. «Es ist nur ein Bissen. Ich gönne mir das. Ich habe es mir verdient!» Aber dieser «nur ein Bissen»-Moment kann so schnell ausarten.

Ich fand mich regelmässig in Situationen wieder, in denen ich mir vorwarf, mal wieder zu viel gegessen zu haben – alles, weil der «eine Bissen» einfach nicht zu stoppen war.

Die «Nur ein Bissen»-Falle funktioniert besonders dann, wenn wir denken, dass ein einziges Stück oder ein einziger Bissen keine Auswirkungen hat.

Die Wahrheit ist: Diese kleinen Snacks summieren sich, und am Ende machen sie einen grossen Unterschied.

Heute mache ich es anders: Ich überlege vorher, ob ich wirklich ein Stück will – oder ob ich nur aus Gewohnheit zugreife. Wenn ich «Nein» sage, sage ich es bewusst – und es fühlt sich gut an.

Ich habe immer einen Plan: Wenn ich mal nasche, dann nur ein kleines Stück und nicht die ganze Packung.

Letzte Woche bei einer Besprechung konnte ich der Schale mit Pralinen widerstehen. Ein Kollege fragte mich, warum ich keine Praline nahm, und ich erklärte es ihm ruhig: «Ich versuche, weniger zu naschen – aber nicht aus Verzicht, sondern weil ich es bewusst wähle.»

Und das Gefühl, dass ich Kontrolle habe, war viel befriedigender als jedes Stück Schokolade.

Moral: «Nur ein Bissen» kann sehr schnell mehr werden. Entscheiden Sie bewusst, ob Sie wirklich naschen wollen – und nicht aus Gewohnheit.

Die «Fast-Hochzeits»-Falle

Es war ein sonniger Tag im Mai, und wir sassen auf der Terrasse bei meiner besten Freundin Anna. Der Kaffee dampfte in unseren Tassen, die Sonne strahlte, und es war einfach der perfekte Moment, sich nach einer anstrengenden Woche zu entspannen.

«Oh, ich muss dir unbedingt etwas erzählen», sagte Anna aufgeregt, während sie sich mit einem neuen Prospekt in der Hand zurücklehnte.

«Ich habe meine Hochzeitstorte ausgesucht. Und ich habe mir überlegt, jetzt noch ein bisschen mehr abzunehmen, um richtig in mein Kleid zu passen.»

Anna hatte schon immer versucht, ein paar Kilo abzunehmen – besonders in den letzten Monaten vor ihrer Hochzeit.

«Ich mache gerade diese Diät, sie funktioniert so gut. Ich esse morgens Müesli und abends einen kleinen Salat, nur kein Brot mehr», sagte sie.

Aber ich merkte, dass sie schon wieder in eine der Fallen tappte, die wir alle kennen. Denn ihre Diät war nicht langfristig angelegt, und sie achtete nicht wirklich auf den Rest des Tages.

Am Mittag servierte Anna uns beiden einen grossen Teller mit Pasta und Parmesan, und es gab noch ein Stück Torte zum Nachtisch.

Ich fragte mich, warum sie so kämpfte, wenn sie zwischendurch immer wieder in alte Muster verfiel.

Nach ein paar Tagen hatte Anna schon wieder ihre Diät nicht durchgehalten. «Das mit dem Salat war irgendwie doch zu viel. Ich brauche einfach mal etwas, das mich glücklich macht!»

Und so kam es, dass sie die nächste Torte ass und sich wieder beim «Abnehmen nach der Hochzeit» erwischte.

Die «Fast-Hochzeits»-Falle ist eine der vielen, die oft vorkommen. Es gibt sie nicht nur bei Hochzeiten, sondern auch bei anderen besonderen Anlässen wie Sommerurlauben oder Firmenfeiern.

Man versucht, ein Ziel zu erreichen, indem man sich kurzfristig einschränkt, aber das langfristige Ziel und die nachhaltige Umstellung geraten aus den Augen.

Es geht nicht nur um das kurzfristige Ergebnis, sondern darum, die Gewohnheiten so zu ändern, dass sie auch nach der Hochzeit oder dem grossen Anlass noch bestehen.

Ich sagte Anna an diesem Tag, dass sie mit einer langfristigen Strategie mehr erreichen würde.

«Verzicht auf alles wird dich nicht dauerhaft glücklich machen. Aber wenn du Stück für Stück gesunde Gewohnheiten integrierst, wirst du dich besser fühlen – und das ist der wahre Erfolg.»

Ich sah ihr Gesicht aufleuchten, als sie mir zustimmte und beschloss, eine ausgewogenere Herangehensweise zu wählen.

Nach der Hochzeit begannen wir gemeinsam, gesunde Rezepte zu kochen und uns regelmässig zum Spazierengehen zu treffen – es war viel mehr Spass und viel weniger Druck.

Moral: Fokussieren Sie sich nicht auf kurzfristige Diäten, sondern auf langfristige gesunde Gewohnheiten. Die grösste Veränderung kommt von innen.

Die «Diät als Entschuldigung»-Falle

Ich sass mit meinen Kollegen im Personalrestaurant. Es war Dienstag, und wie immer gab es die Wahl zwischen Pasta, Currywurst oder einem grossen Salat.

Ich wollte eigentlich den Salat nehmen, doch da fiel mein Blick auf den bunten Obstsalat, der in der Kühlvitrine ausgestellt war.

«Oh, das klingt nach einer guten Wahl!», dachte ich mir. «Schliesslich bin ich ja auf Diät, da passt der Obstsalat gut.»

Ich griff also zu und fühlte mich ziemlich stolz auf mich. Doch dann beobachtete ich die anderen Kollegen am Tisch.

Es gab keine Diät. Eine Kollegin schnappte sich einen grossen Teller Pasta. Ein Kollege bestellte Currywurst und Pommes.

Und ich? Ich hatte meinen Obstsalat – und ass trotzdem noch den ganzen Kuchen, der nachmittags zum Kaffee serviert wurde. Da war es wieder: die «Diät als Entschuldigung»-Falle.

Ich dachte, dass ich mir mit einem gesunden Obstsalat eine Entschuldigung für die ganzen Kalorien aus dem Kuchen erarbeitet hatte.

Doch diese Denkweise hielt mich davon ab, wirklich eine nachhaltige Veränderung vorzunehmen.

Denn in Wahrheit ging es nicht darum, ein einziges gesundes Gericht zu essen, um die Entschuldigung für andere schlechte Entscheidungen zu haben.

Ich hatte mir eingeredet, dass ich mit einem einzigen «gesunden» Essen am Tag die negativen Auswirkungen der restlichen Kalorien neutralisieren konnte.

Aber das war ein Trugschluss.

Die Wahrheit ist: Es geht nicht darum, «nur heute» das eine oder andere zu rechtfertigen. Es geht darum, dauerhaft und konsistent zu wählen. Und das bedeutet, dass man in kleinen Schritten sein Verhalten ändern muss.

Heute sehe ich das anders. Ich greife beim Mittagessen lieber zu einem ausgewogenen Gericht, das mir genug Energie gibt, ohne mich vollzustopfen.

Der Obstsalat ist eine tolle Wahl – aber nicht als Alibi für die anderen Kalorien, die ich während des Tages so ansammle.

Ich habe gelernt, dass ich meine Entscheidungen ganzheitlich treffen muss und nicht aus der Hoffnung heraus, dass ein gesundes Gericht das schlechte Verhalten ausgleichen kann.

Moral: Diät ist keine Entschuldigung für ungesunde Essgewohnheiten. Wahre Veränderung bedeutet eine ganzheitliche Betrachtung Ihres Lebensstils.

Die «Nie-Genug»-Falle

Es war Freitagabend. Ich sass vor dem Fernseher und hatte bereits eine ganze Packung Chips in einer Schüssel leergeknabbert.

Trotzdem wollte ich noch mehr – es war, als ob ich nie genug bekommen konnte. Die «Nie-Genug»-Falle trifft oft dann zu, wenn wir uns in einem Zustand befinden, in dem wir nie wirklich satt werden, egal wie viel wir essen.

Ich hatte das Gefühl, dass das nächste Chipsstück immer noch besser schmecken würde. Als ob der Knoten irgendwann platzen würde und ich dann wirklich satt wäre.

Aber das war nie der Fall. Egal, wie viel ich ass, ich hatte das Gefühl, dass ich einfach nicht genug bekam.

Es war nicht der Hunger, der mich trieb. Es war der Glaube, dass mehr einfach besser wäre.

Am nächsten Morgen fühlte ich mich schwer und aufgebläht – und ich wusste, dass ich nicht wirklich hungrig gewesen war. Ich hatte einfach die Kontrolle verloren.

Inzwischen habe ich die «Nie-Genug»-Falle erkannt und lerne, sie zu umgehen: Ich versuche, bewusst zu essen und wirklich auf mein Sättigungsgefühl zu hören. Ich stelle mir mein Essen auf einen Teller und esse es in kleinen Portionen, um nicht in die Versuchung zu kommen, aus der Tüte zu essen. Ich geniesse jedes Bissen und schätze, was ich esse, anstatt weiter und weiter zu essen, ohne den Moment zu geniessen.

Gestern Abend, als ich eine kleine Schale Nüsse vor mir hatte, achtete ich darauf, langsam zu essen. Jeder Bissen war ein bewusster Genuss, und plötzlich fühlte ich mich nach der ersten Handvoll zufrieden – ohne das Gefühl, immer weiter essen zu müssen. Ich hatte genug – nicht nur an dem Abend, sondern auch im Kopf.

Moral: Geniessen heisst, bewusst zu essen und den Moment zu schätzen – nicht, mehr zu essen, weil man glaubt, dass es nie genug ist.

Die «Jeden-Tag-Alles»-Falle

Es war ein Montagmorgen, als ich auf dem Weg ins Büro überlegte, was ich zum Frühstück essen wollte. Der Gedanke an das erste Stück Kuchen aus dem Bürogebäude lockte mich.

«Na ja, es ist schliesslich Montag. Ich kann mir ja etwas gönnen, oder?», dachte ich mir.

Dann, nach dem Mittagessen, war ich wieder hungrig, also gab es noch ein weiteres Stück Kuchen.

Und dann abends beim Fernsehen griff ich ebenfalls zu den Chips. «Ich muss mir doch etwas gönnen», sagte ich mir immer wieder.

Diese «Jeden-Tag-Alles»-Falle ist heimtückisch, denn sie entsteht, wenn man zu oft denkt, dass man sich immer etwas gönnen muss.

Das passiert oft am Anfang der Woche, nach einem stressigen Tag oder nach einer besonders erfolgreichen Phase.

Jeder «kleine Genuss» wird aufgeschoben, bis der Moment kommt, in dem man sich einfach zu viel gönnt, und dann entsteht der Eindruck, dass es sowieso keinen Unterschied macht – es sind ja «nur ein paar Kalorien».

Es ist der Fehler, ständig in kleinen Dosen mehr zu konsumieren, ohne auf die Gesamtmenge zu achten. Es ist nicht das gelegentliche Stück Schokolade, das uns hindert, sondern die tägliche Häufung dieser Kleinigkeiten.

Ich hatte damals das Gefühl, mir jeden Tag etwas gönnen zu müssen, weil ich mich auf diese Weise belohnte, aber die Waage zeigte mir deutlich, dass diese Belohnungen mit der Zeit zu einer Belastung wurden.

Ich hatte die falsche Erwartung, dass ich mich immer wieder für den Stress des Tages mit Essen entschädigen könnte.

Heute weiss ich, dass es in Ordnung ist, sich ab und zu etwas zu gönnen – aber das sollte nicht zur täglichen Gewohnheit werden.

Ich habe inzwischen eine gesündere Haltung entwickelt: Ein Genuss pro Woche ist besser als der tägliche Konsum von etwas, das ich am Ende nicht wirklich brauche.

Ich habe gelernt, den richtigen Moment zu erkennen und zu geniessen, anstatt den ganzen Tag von kleinen «Belohnungen» getrieben zu werden.

Moral: Es ist nicht der einzelne Genuss, der schadet, sondern die regelmässige Gewohnheit, sich ständig etwas zu gönnen.

Die «Zu-Gut-Um-Wahr-Zu-Sein»-Falle

Es war Freitag, und ich hatte gerade eine Einladung zu einem exklusiven Event erhalten. «Das ist deine Chance, dich richtig zu verwöhnen», dachte ich.

Also machte ich mich bereit, setzte das beste Outfit an und war voller Vorfreude auf das Essen, das dort angeboten wurde.

Doch als ich im Eventraum ankam, gab es eine Überraschung. Der Buffetstand war prächtig angerichtet, mit einer Auswahl an Köstlichkeiten, die wirklich zu gut aussahen, um wahr zu sein.

Von kleinen gefüllten Tartes bis zu zarten Häppchen aus edlen Zutaten – und die Auswahl an Desserts war einfach überwältigend.

«Die Chance, mich zu verwöhnen», dachte ich, und nahm mir die grösste Portion.

Ich probierte alles – die Häppchen, die Tartes, die Fingerfood-Spezialitäten. «Das habe ich mir verdient», dachte ich. Aber als ich nach zwei Stunden aufhörte, war ich völlig überessen und fühlte mich bloss noch schlecht.

Es war nicht das erste Mal, dass ich mich in eine solche Falle verstrickte – wenn es etwas «Besonderes» gab, dachte ich, ich müsse alles mitnehmen, weil es schliesslich etwas «Zu-Gut-Um-Wahr-Zu-Sein» war.

Es war ein innerer Zwang, der mir vorgaukelte, dass solche besonderen Gelegenheiten nur einmal kommen würden und ich alles auskosten müsse.

Aber in Wirklichkeit waren es genau diese Situationen, die mich in die Falle führten.

Ich wusste, dass die grossen Portionen, die ich ass, und die Menge an Nahrungsmitteln, die ich aufnahm, mehr waren, als ich brauchte – aber ich wollte diese «einmalige Chance» nicht verpassen.

Heute habe ich gelernt, solche Gelegenheiten anders zu betrachten. Ich geniesse das Besondere – aber ich behalte Mass.

Ich nehme nur das, was ich wirklich geniessen kann, und nicht mehr. Und ich habe begriffen, dass das nächste «besondere Essen» nicht gleich morgen kommen muss.

Moral: Besondere Gelegenheiten sind kein Grund, die Kontrolle zu verlieren. Sie können das Beste geniessen, ohne sich zu überessen.

Die «Perfekt-Perfekte»-Falle

Es war ein ruhiger Nachmittag, als ich die Einladung zu einer Party erhielt. «Oh nein, was soll ich nur anziehen?» Ich betrachtete mich im Spiegel und stellte fest, dass ich schon lange nicht mehr meine Lieblingsjeans getragen hatte.

Die Hose passte mir nicht mehr so gut wie früher, und ich konnte den Gedanken nicht abschütteln, dass ich eigentlich abnehmen sollte, bevor ich auf diese Party ging. Also beschloss ich, sofort meine «Perfekt-Perfekte»-Diät zu starten: Kein Zucker, kein Alkohol, nur noch Salate und Proteine.

Ich ging auf Shoppingtour, kaufte mir neue, gesund aussehende Produkte und wollte mich strengen Regeln unterwerfen, um in Form zu kommen.

«Ich will ja perfekt aussehen!», dachte ich mir und setzte mir das Ziel, in zwei Wochen so zu erscheinen, wie ich es mir vorstellte.

Ich hielt mich streng an meine Diät – bis zum ersten Glas Wein auf der Party.

Dann das zweite Glas.

Und dann der Kuchen.

Es war wie ein Dominoeffekt: Ich ass einfach weiter, weil ich das Gefühl hatte, alles auf einmal nachholen zu müssen, was ich in den letzten Tagen entbehrt hatte.

Ich fühlte mich schlecht und enttäuscht von mir selbst, weil ich gegen die strengen Regeln verstossen hatte, die ich mir selbst auferlegt hatte.

Die «Perfekt-Perfekte»-Falle ist die Illusion, dass man sich nach perfekten Regeln richten muss, um wirklich «gut genug» zu sein.

Doch in Wirklichkeit führt diese rigide Haltung dazu, dass wir uns selbst überfordern und bei einem kleinen Fehler alles hinwerfen.

Heute weiss ich, dass ich nicht perfekt sein muss, um mich gut zu fühlen. Ich esse gesund, aber ohne mich auf unrealistische Standards zu versteifen. Ich geniesse das Leben und meine Mahlzeiten, ohne mir ständig selbst Vorschriften zu machen, die nur zu Frustration führen. Ich habe gelernt, dass das Streben nach Perfektion oft der grösste Feind der wahren Veränderung ist.

Moral: Perfektion ist ein unerreichbares Ziel. Es ist besser, Fortschritte zu machen und sich selbst nicht zu überfordern.

Die «Nur-Noch-Eine-Session»-Falle

Es war Samstagabend, und ich sass auf der Couch, als ich die letzte Episode meiner Lieblingsserie anwarf. «Nur noch eine Folge», sagte ich mir. «Dann gehe ich ins Bett.»

Die nächste Folge verging schneller, als ich dachte. Und schon war die nächste dran. «Nur noch diese eine!», sagte ich mir erneut.

Ich war völlig gefangen im Sog der endlosen Episoden und konnte einfach nicht aufhören. Irgendwann hatte ich die gesamte Staffel an diesem Abend durchgeschaut.

Der Tag war längst vergangen, und der Schlaf kam zu spät. Und dann stellte sich auch noch der Heisshunger ein.

Ich hatte während des Serienmarathons unaufhörlich Chips und Schokolade gegessen – «nur eine Handvoll» hier, «nur ein Stückchen» dort. Aber am Ende war die ganze Tüte leer, und ich fühlte mich vollkommen übersättigt.

Ich hatte nicht nur den Abend mit einer TV-Session verloren, sondern auch noch meine Ernährungsgewohnheiten total vernachlässigt.

Es war die «Nur-Noch-Eine-Session»-Falle, in die ich gefallen war. Statt mir zu erlauben, irgendwann eine Pause zu machen, fühlte ich mich gezwungen, die Serie zu beenden und noch mehr zu konsumieren – sei es Fernsehzeit oder Snacks. Es war ein Sog, den ich kaum brechen konnte.

Heute habe ich mir angewöhnt, bewusst Pausen einzulegen und mir meine Zeit besser einzuteilen. Ich plane mir nach jeder Folge eine kurze Pause, um aufzustehen, frische Luft zu schnappen oder etwas anderes zu tun.

Ich gönne mir Snacks, aber nur in kleinen Portionen und nicht während des ganzen Fernsehabends. Es geht nicht darum, auf alles zu verzichten, sondern darum, das Mass zu finden und die Kontrolle zurückzugewinnen.

Es fühlt sich viel besser an, wenn ich den Abend geniesse, ohne dass er sich nachher in einem schlechten Gewissen und Überessen anfühlt.

Moral: Geniessen Sie bewusst, ohne sich von einer Sitzung oder Aktivität in den Sog des Übermasses zu ziehen.

Kaffeepause mit Kalorienbonus

Im Grossraumbüro unserer Firma gibt es ein ungeschriebenes Gesetz: Wer eine Kaffeepause einlegt, darf nicht mit leeren Händen erscheinen. Kaffee allein gilt als unhöflich – ein süsser Begleiter wird erwartet, fast wie ein stillschweigender Dresscode. Ob Schokoriegel, Kuchenstück oder ein vermeintlich «gesunder» Müesliriegel: Irgendwas landet immer auf dem kleinen Beistelltisch neben der Kaffeemaschine.

Ich beobachte das Schauspiel oft aus sicherer Entfernung. Meine Kollegin Frau Schmied ist die Königin der Kaffeepausen. Punkt elf Uhr erhebt sie sich theatralisch von ihrem Schreibtisch, streckt sich wie eine Katze und verkündet: «Kaffeepause! Wer will noch?» Natürlich will jeder – oder fühlt sich zumindest moralisch verpflichtet. Wer will schon der Muffel sein, der die frohe Runde stört?

Also ziehen sie los: Frau Schmied, Herr Weber, die Lehrtochter Lisa – alle auf direktem Weg in Richtung Kaffeeecke. Und während sie ihren Kaffee ziehen, zückt Frau Schmied routiniert eine Packung Mini-Schokoriegel aus ihrer Handtasche. «Nur so ein kleines Stückchen, für den Kreislauf», zwinkert sie und legt die süssen Versuchungen mitten auf den Tisch.

Zunächst tun alle sehr tugendhaft. «Ach nein, ich hab heute schon…», murmelt Herr Weber und schielt auf den Schokoriegel mit Nougatfüllung. Lisa kichert: «Nur ein halbes Stück.» Zehn Sekunden später: Zwei Riegel weniger. Noch mal fünf Sekunden: Frau Schmied packt sicherheitshalber noch ein zweites

Päckchen aus. Man weiss ja nie, wann der Kreislauf endgültig schlappmacht.

Ich lehne derweil locker am Türrahmen und beobachte das muntere Treiben. Innerlich rechne ich: Ein Riegel – etwa 250 Kalorien. Plus Kaffee mit Milch und Zucker – noch mal 100 Kalorien. Macht pro Kaffeepause ein kleines Mittagessen. Und dabei ist es erst elf Uhr!

Nachmittags wiederholt sich das Schauspiel. Neue Packung, neuer Schwur: «Heute esse ich wirklich keinen.» Frau Schmied beisst bereits beim Schwören in ein Stück Zitronenkuchen, den jemand von zuhause mitgebracht hat. Herr Weber, der sich mittags noch über seinen «Büro-Bauch» beklagt hat, nimmt sich ein zweites Stück. Nur zur Stärkung, versteht sich.

Am Ende des Tages, beim Plausch am Aufzug, murmelt Frau Schmied ein wenig frustriert: «Ich verstehe einfach nicht, warum ich nicht abnehme. Ich esse doch eigentlich kaum etwas.»

Ich nicke freundlich, sage aber nichts. Manchmal ist Schweigen nicht nur Gold, sondern auch gesünder für zwischenmenschliche Beziehungen.

Was Frau Schmied – und viele andere – nicht bemerken: Es sind nicht die grossen Mahlzeiten, die das Gewicht in die Höhe treiben. Es sind diese kleinen, unscheinbaren Häppchen zwischendurch. Diese «Ach, das zählt doch nicht»-Momente, die sich wie Perlen auf einer Schnur aneinanderreihen. Eine Kaffeepause hier, ein Geburtstagskuchen da, ein schneller Keks vor dem Meeting – am Ende des Tages kommt da eine beachtliche Summe zusammen.

Ich selbst habe daraus meine Lehren gezogen. Kaffeepausen? Gerne! Aber mein Kaffee kommt schwarz daher, ohne süssen Anhang. Ich plaudere mit, trinke meinen Kaffee und bewundere die Süssigkeiten – aus sicherer Entfernung. Schliesslich sind manche Fallen besonders tückisch, weil sie so gemütlich aussehen.

Und so stehe ich oft mit meinem schwarzen Kaffee da, lächle in die Runde und denke: «Manchmal ist die süsseste Versuchung nicht der Kuchen, sondern die Illusion, dass es nur ein kleines Stück ist.»

Ein ganz normaler Samstag

Samstagmorgen im Fitnessstudio. Ich sitze auf einem der gemütlichen Lederstühle in der Lounge und trinke meinen Kaffee – schwarz, versteht sich – während ich das bunte Treiben beobachte.

Da kommt Herr Berger hereingeschlendert, leicht ausser Atem, Sporttasche über der Schulter. Er nickt mir freundlich zu und marschiert strammen Schrittes Richtung Laufbänder. «Heute wird richtig was verbrannt!», ruft er mir im Vorübergehen zu. Ich nicke wohlwollend. Motivation ist schliesslich alles.

Eine knappe Stunde später kommt Herr Berger verschwitzt zurück in die Lounge. Das T-Shirt klebt am Rücken, die Haare stehen in alle Richtungen. Aber er strahlt. «Siehste, 700 Kalorien hab ich runtergerissen!», erklärt er stolz. Er zückt sein Handy, tippt eifrig Zahlen in seine Fitness-App ein und setzt sich dann zufrieden auf den Stuhl neben mir.

Doch dann geschieht es: Er greift in seine Sporttasche und zaubert – ich kann es kaum glauben – einen riesigen Schokoriegel hervor. «Nach dem Training braucht der Körper schnell wieder Energie», verkündet er belehrend und beisst beherzt hinein.

Ich schiele auf die Verpackung. 500 Kalorien. Mit einem Schlag fast alles wieder reingeholt, was er mühsam abgearbeitet hatte. Und als ob das nicht genug wäre, ruft er der netten Thekenfrau noch zu: «Und bitte noch einen Smoothie! Aber mit extra Erdnussbutter!» Ein Getränk wie eine Mahlzeit.

Ich nippe an meinem Kaffee und lächle still in mich hinein. Ich kenne dieses Schauspiel schon. Die Anstrengung, die Hingabe, der Stolz – und dann das unbewusste, fast automatische Rückholen der Kalorien. Es ist, als würde jemand mühevoll Wasser aus einem Boot schöpfen – und dabei heimlich ein Loch in den Rumpf bohren.

Nach einer Weile winkt mir Herr Berger zum Abschied zu. «Bis morgen!», ruft er gut gelaunt. Ich winke zurück und denke mir meinen Teil.

Später am Tag sitze ich im Park auf einer Bank, als ich Herrn Berger erneut treffe. Diesmal mit einer Eistüte in der Hand. Er sieht mich, lacht und ruft: «Man muss sich auch mal was gönnen, nicht wahr? Schliesslich war ich heute schon sportlich!»

Ich lache höflich zurück. Er hat ja nicht ganz unrecht – das Leben soll Spass machen. Aber vielleicht muss man nicht jede Anstrengung sofort mit einer Kalorienladung belohnen, denke ich mir.

Abends, bei einem kleinen Spaziergang durch die Nachbarschaft, kommt mir noch eine alte Geschichte meines Grossvaters in den Sinn. Der pflegte zu sagen:

«Man kann noch so schnell rudern – wenn man das Loch im Boot nicht stopft, geht man trotzdem unter.»

Und genau daran muss ich denken, als ich Herrn Berger am Fenster sitzen sehe, mit einem weiteren Riegel in der Hand. Es scheint, als rudere er ziemlich kräftig – nur leider vergisst er das Boot.

Nur noch der letzte Bissen

Es war Firmenjubiläum bei uns – fünf Jahre erfolgreiches Chaos in der Marketingabteilung. Natürlich musste das gefeiert werden. Und wie bei jeder ordentlichen Bürofeier türmten sich auf dem Buffet die kulinarischen Versuchungen: belegte Brötchen, Kuchen, Pasteten, Salate, Süssgebäck.

Ich stand etwas abseits, mit einem Glas Wasser in der Hand, und beobachtete, wie sich eine Kollegin, nennen wir sie Frau Möller, mit geschicktem Manöver zwischen den Tischen bewegte.

Frau Möller war bekannt dafür, dass sie «immer auf Diät» war. Sie betonte es bei jeder Gelegenheit, als wäre es Teil ihrer Jobbeschreibung. Und tatsächlich – sie lud sich nie einen vollen Teller auf. Nein, sie griff immer nur nach kleinen Resten. Ein halbes Brötchen hier, ein winziges Stück Kuchen da. «Nur der letzte Bissen, damit nichts weggeschmissen wird», erklärte sie einmal feierlich, während sie sich eine Mini-Quiche in den Mund schob.

An diesem Tag übertraf sie sich selbst. Ein halber Brownie, ein halbes Croissant, ein halber Muffin – ihre Sammlung halber Leckereien füllte innerhalb kürzester Zeit einen kompletten Teller. Aber weil sie nie ein ganzes Stück nahm, war sie in ihrer eigenen Wahrnehmung weiterhin streng diszipliniert.

Zwischendurch erklärte sie einer Kollegin: «Ich esse ja kaum was.»

Ich musste mir auf die Zunge beissen, um nicht laut zu lachen. In Wirklichkeit führte sie gerade einen

Feldzug gegen sämtliche übrig gebliebenen Kalorien des Buffets – mit beeindruckender Ausdauer.

Als ich eine Stunde später noch einmal durchs Büro schlenderte, sass Frau Möller gemütlich auf einem der Lounge-Sessel. In der einen Hand hielt sie ein Glas Sekt, in der anderen eine Serviette mit – na klar – einem halben Donut.

Sie prostete mir zu. «Man muss ja flexibel bleiben, oder?» Ich nickte freundlich. Flexibel. Genau das war es wohl.

Später, beim Aufräumen, schnappte ich ein Gespräch zwischen ihr und einer anderen Kollegin auf. Frau Möller seufzte: «Ich verstehe einfach nicht, warum ich nicht abnehme. Ich esse doch wirklich fast nichts!» Fast nichts. Nur die Hälften. Dafür aber alle.

Am Abend, als ich mich aufs Sofa setzte und über den Tag nachdachte, musste ich an einen Spruch meiner Tante denken. Die hatte immer gesagt: «Viele kleine Häppchen machen auch einen vollen Magen – besonders wenn sie heimlich zählen.»

Und ich glaube, wenn Frau Möller wüsste, wie schnell sich diese kleinen Reste summieren, würde sie beim nächsten Firmenjubiläum vielleicht doch mal ein ganzes Stück Kuchen nehmen – und dann einfach dabei bleiben.

Iss noch einen Löffel für die Oma!

Mila war drei Jahre alt, kugelrund und unfassbar süss – im doppelten Sinne. Nicht nur, weil sie beim Lachen kleine Grübchen bekam, sondern weil sie bei jeder Regung, die nach Unmut aussah, mit Essen beruhigt wurde.

Ein leichtes Quieken? Keks.

Ein müdes Reiben der Augen? Banane.

Ein Wutanfall? Brei, Brot, Buttergipfeli – irgendetwas, Hauptsache, es stopfte die Situation.

Ihre Eltern, besonders ihre Mutter, meinten es gut. Sehr gut. Zu gut.

«Sie ist halt ein bisschen pummelig, das wächst sich raus.»

«Sie isst eben gern. Ich war auch so.»

«Kinder brauchen Reserven!»

Wenn Mila beim Essen aufhörte, weil sie satt war, kam der Satz, den sie schon als Zweijährige auswendig konnte: «Einen Löffel noch für die Oma. Und einen für den Papa. Und einen für den Hund.»

Mila hatte keinen Hund. Mit fünf Jahren war sie kräftig, mit sechs die Erste in der Klasse, die Seitenstechen beim Turnen bekam – schon nach zwei Hampelmännern.

Aber das Essen war ein Ritual. Ein Trost. Eine Belohnung. Ein Mittel zur Kommunikation, wenn Worte fehlten. Wenn sie traurig war, gab's Eis. Wenn sie gute Noten hatte – auch. Wenn sie nichts Besonderes tat – zur Sicherheit gleich zwei Stücke Kuchen.

Ihre Eltern waren liebevoll, fürsorglich, aber sie hatten etwas nie gelernt: auf das Gefühl von Sättigung zu hören. Denn das hatten sie selbst nie gelernt. In ihren eigenen Kindheiten war Essen eine Art Liebe – und Liebe durfte nicht verweigert werden.

Und so reichte Mila immer brav ihren Teller hin – selbst wenn der Bauch längst «Stopp!» rief. Der Mund lächelte weiter.

Mit acht Jahren war sie im Wachstum – und im Gewicht. Beim Kinderarzt kam das Thema zum ersten Mal ernsthaft auf. «Mila ist nicht nur ein bisschen rund. Sie liegt im oberen Prozentbereich. Ich empfehle Bewegung und bewusste Ernährung.» Ihre Mutter lachte nervös. «Ach, das sind nur Babypfunde.»

Aber Mila fühlte sich nicht mehr wie ein Baby. Sie fühlte sich schwer. Sie mochte keine engen Hosen mehr. Und schon gar nicht den Moment, wenn der Sportlehrer sagte: «Jetzt 10 Minuten rennen, los!»

Mit zehn Jahren stellte sie Fragen.

«Mama, warum muss ich immer aufessen?»

«Weil Essen nicht weggeworfen wird.»

«Aber ich hab keinen Hunger mehr.»

«Dein Magen weiss das nicht so genau. Iss einfach weiter.»

Und dann, mit zwölf, kam der Knall. Nicht körperlich – emotional. Mila hatte sich selbst auf YouTube schlau gemacht. Sie verstand inzwischen, dass der Körper Signale sendet. Dass Sättigung kein Verrat an der Familie ist. Und dass Liebe auch bedeutet, loszulassen – sogar vom letzten Bissen.

Eines Tages – es war Spaghetti-Zeit – lehnte sie sich zurück. «Ich bin satt.»

Die Gabel war halb voll. Ihre Mutter erstarrte. «Wie meinst du das? Du isst doch immer zwei Teller.»

Mila antwortete ruhig: «Ja. Weil ihr das so wollt. Aber mein Bauch nicht.»

Stille. Dann ein Lächeln. Zögerlich, aber da.

Von da an begann eine kleine Revolution am Familientisch. Mila lernte, dass man aufhören darf. Dass ein Teller nicht leer sein muss, damit der Respekt bleibt.

Und ihre Eltern? Die fingen an, sich zu fragen, wie oft sie selbst aus Gewohnheit essen. Und wie oft aus Hunger.

Heute ist Mila 16. Sie hat eine gute Beziehung zum Essen – nicht perfekt, aber gesund. Sie kennt ihre Signale. Und wenn sie einen Kuchen backt, tut sie es aus Lust – nicht als Trost.

Letzthin sagte ihre Mutter nach dem Abendessen: «Ich bin eigentlich satt. Aber es ist noch so viel übrig.»

Mila grinste. «Dann pack's ein. Oder gib's dem Hund.» Sie haben jetzt tatsächlich einen.

Immer der neueste Trend

Montagmorgen. Neues Meeting, neues Glück. Ich betrete den Konferenzraum und setze mich neben meine Kollegin Tanja. Schon beim Hinsetzen merke ich: Heute liegt ein besonderer Duft in der Luft. Irgendetwas mit Kokosnuss und – war das Räucherspeck?

Tanja strahlt mich an. «Ich mache jetzt Keto!», verkündet sie stolz und packt eine Tupperdose aus. Drin: ein riesiges Stück Speck, ein hartgekochtes Ei und ein Klecks Mayonnaise.

Ich hebe eine Augenbraue. Gestern war sie noch überzeugte Veganerin. Letzte Woche schwor sie auf Intervallfasten. Davor war es Paleo. Davor Rohkost. Und davor – ich schwöre es – war sie in einer Phase, in der sie ausschliesslich grüne Smoothies getrunken hat. Tanja ist ein wandelndes Diätlexikon. Nur mit der Praxis hapert es etwas.

Während ich an meinem schwarzen Kaffee nippe, schneidet sie hingebungsvoll ihren Speck in kleine Würfelchen und erklärt nebenbei: «Man muss dem Körper einfach beibringen, wieder Fett zu verbrennen! Das ist alles eine Frage der Umstellung!» Ich nicke höflich. Ein bisschen Bewunderung schwingt mit. Ihr Enthusiasmus ist grenzenlos.

Doch während sie noch ihre Thesen über Insulinspiegel und Ketose verbreitet, wandert ihre freie Hand wie von Zauberhand zur Keksschale auf dem Konferenztisch. Mechanisch greift sie sich ein Stück Buttergebäck, knabbert daran – und redet unbeirrt weiter.

Ich muss mir ein Lächeln verkneifen.

Die Keksdose bleibt nicht die einzige kleine Ausnahme an diesem Tag. Beim Mittagessen im Bistro bestellt sie sich, nach kurzem Zögern, doch die Ofenkartoffel mit Sauerrahm. «Nur heute!», ruft sie schnell. «Ab morgen wird wieder streng ketogen gelebt!»

Am Nachmittag sehe ich sie am Automaten stehen. Ein Schokoriegel flutscht in die Tasche. Man muss ja seine Reserven auffüllen.

Am nächsten Morgen, Dienstag, treffe ich sie erneut. Sie winkt mir zu, diesmal mit einer Selleriestange in der Hand.

«Ich habe mich doch für Clean Eating entschieden», sagt sie mit fester Stimme. «Alles ganz natürlich. Keine künstlichen Sachen mehr!»

Ich nicke wieder, innerlich bewundere ich ihre Flexibilität. Wobei ich mich frage, wie die gestrige Schokolade in diese Philosophie passt.

Die Woche geht weiter, und so auch Tanjas Expedition durch die Welt der Ernährungstrends. Mittwochs wird aus Clean Eating plötzlich «Low Carb High Fat», donnerstags «Ayurvedische Ernährung nach Doshas», und am Freitag murmelt sie etwas von «Heilfasten» – während sie sich eine Portion Pommes gönnt. «Man muss das locker sehen», erklärt sie kauend.

Als ich am Samstag durch die Stadt bummle, sehe ich Tanja in einem Strassencafé. Auf ihrem Tisch stehen ein Croissant, ein Latte Macchiato mit extra Sirup und ein Glas Orangensaft. Sie entdeckt mich, winkt euphorisch und ruft: «Ich hab jetzt beschlossen, intuitiv zu essen! Man soll einfach auf seinen Körper hören!»

Ich winke zurück und schmunzle. Ich ahne, dass ihr Körper vor lauter Richtungswechsel inzwischen ziemlich verwirrt ist.

Abends muss ich an meinen alten Onkel denken, der einmal sagte: «Wer jeden Tag eine neue Strasse ausprobiert, darf sich nicht wundern, wenn er nie ankommt.»

Und während ich gemütlich meinen Salat schnippele, bin ich froh, dass ich längst meinen Weg gefunden habe – ohne Speck, Sellerie oder tägliche Revolution.

Nur aus Höflichkeit

Es war eines dieser lauen Sonntagnachmittage, an denen Nachbarn auf einmal in Scharen auftauchen.

Herr Meier hatte eingeladen – «nur auf ein kleines Stück Kuchen und eine Tasse Kaffee», wie er betonte. Eine nette Geste. Und ein gefährliches Unterfangen.

Ich stand in der Ecke seines gepflegten Gartens, mein Kaffeebecher in der Hand, und beobachtete das wachsende Kuchenbuffet. Apfelkuchen, Schwarzwälder, Zitronentarte, Muffins, Plunderteilchen – alles selbst gebacken, versteht sich. Herr Meier war stolz auf seine Künste.

Und die Nachbarn? Die schienen hauptsächlich stolz auf ihre Fähigkeiten, sich gegenseitig zum Essen zu animieren.

«Ach, nimm doch noch ein Stück!», rief Frau Schneider lachend ihrem Mann zu, während sie ihm einen gigantischen Brownie auf den Teller balancierte. Herr Schneider wehrte halbherzig ab: «Ich wollte eigentlich nicht...» – doch da hatte er ihn schon.

Ein paar Minuten später war es Herr Müller, der an der Reihe war. Kaum hatte er seinen Teller geleert, kam auch schon Frau Meier mit dem nächsten Stück an. «Nur ein kleines Stückchen – du hast ja kaum was gegessen!», säuselte sie. Und wie könnte man da Nein sagen?

Herr Müller lachte gequält, liess sich überreden – und liess das «kleine» Stück verschwinden.

Besonders auffällig war aber Frau Hoffmann. Sie schüttelte bei jedem Kuchen energisch den Kopf:

«Ach nein, ich bin doch auf Diät!», rief sie mit gespielter Strenge. Keine zwei Minuten später: «Aber so ein winziges Stückchen Apfelkuchen… aus Höflichkeit.» Sie lachte.

Dann ein halbes Muffin. «Weil die Anna sich solche Mühe gegeben hat!»

Und schliesslich noch ein Stück Schokokuchen. «Ach, wenn's doch eh schon angeschnitten ist…»

Es war ein faszinierendes Schauspiel. Keiner hatte wirklich Hunger. Alle assen aus Pflichtgefühl, aus Geselligkeit – und ein bisschen auch aus Gewohnheit.

Ich trank meinen Kaffee aus, lehnte sämtliche freundlichen Angebote höflich ab und hörte mir die üblichen Sprüche an:

«Ach komm, ein kleines Stück geht doch!»

«Man lebt schliesslich nur einmal!»

«Nur heute! Morgen fangen wir wieder an!»

Am Abend, als ich gemütlich auf meinem Balkon sass, musste ich schmunzeln. So viele Kalorien – und keiner wollte sie eigentlich. Alle hatten sie nur gegessen, weil sie nicht unhöflich sein wollten. Oder weil sie sich gegenseitig erfolgreich eingeredet hatten, dass «ein kleines bisschen» ja nichts ausmacht.

In diesem Moment fiel mir wieder mein alter Nachbar ein, der immer sagte: «Manchmal ist das schwerste an einer Diät nicht das Hungern – sondern das Nein-Sagen.»

Und während ich entspannt mein Wasser trank, war ich froh, dass ich gelernt hatte, auch mit einem freundlichen Lächeln standhaft zu bleiben.

Gesund ist nicht grenzenlos

Es war ein Dienstagabend im Büro, und der wöchentliche «Gesunde Snack Abend» stand an – eine Erfindung unserer HR-Abteilung, um den Teamgeist zu stärken und gleichzeitig etwas für die Gesundheit zu tun.

In der kleinen Küchenzeile stapelten sich die Schüsseln: verschiedene Salate, Gemüsesticks, Nüsse, getrocknete Früchte, Smoothies in allen Farben des Regenbogens. Alles sah herrlich frisch und unglaublich gesund aus.

Ich stand am Rand der Versammlung, ein Glas Wasser in der Hand, und beobachtete, wie sich meine Kollegin Nina mit Begeisterung auf das Buffet stürzte.

Nina war immer sehr auf ihre Gesundheit bedacht – sie sprach gerne über Superfoods, Detox-Kuren und Bioqualität.

Heute schien sie entschlossen, ihrem Körper etwas richtig Gutes zu tun. «Salat geht immer», rief sie fröhlich, während sie sich eine riesige Portion Quinoasalat auflud.

Und dazu eine grosse Handvoll Nüsse. «Sind ja gesunde Fette!» Dann noch zwei Smoothies – «viel Vitamine!» – und ein halber Becher getrocknete Mangostreifen.

Innerhalb kürzester Zeit balancierte sie ein Tablett, das locker eine Hauptmahlzeit für zwei Personen gewesen wäre. Aber alles gesund, versteht sich.

Neben ihr stand Kollege Thomas. Er griff sich ebenfalls eine grosszügige Portion, diesmal Walnüsse und Mandeln. «Super für die Nerven», erklärte er, während er sich eine Handvoll nach der anderen in den Mund steckte.

Ich beobachtete die Szene mit stiller Faszination. Hier assen alle völlig entspannt, fast schon stolz – schliesslich war es ja kein Burger, kein Donut, kein Fast Food. Nein, es waren Salat, Nüsse und Smoothies. Was keiner sehen wollte: Kalorien kennen keine Moral. Auch die «guten» Lebensmittel addieren sich munter.

Als ich später ein Gespräch zwischen Nina und Thomas belauschte, musste ich innerlich schmunzeln. «Ich verstehe echt nicht, warum ich nicht abnehme», sagte Nina und nahm noch einen Schluck von ihrem Erdnussbutter-Bananen-Smoothie.

«Ich esse wirklich nur gesund!»

Thomas nickte zustimmend, während er an einem Energyball kaute, der aus Datteln, Mandeln und Kokos bestand – kleine Kalorienbomben im Bio-Gewand.

Am Ende des Abends schob Nina noch einen letzten Löffel Avocadosalat in den Mund und sagte fröhlich: «Heute war ein richtig gesunder Tag!»

Auf dem Heimweg musste ich grinsen. Gesund essen ist wunderbar – solange man nicht vergisst, dass «gesund» nicht automatisch «leicht» bedeutet.

Da fiel mir der Spruch meiner Mutter ein, die immer zu sagen pflegte: «Auch Bio-Schokolade hat Kalorien.» Und während ich zu Hause meine leichte Gemüsepfanne ass, freute ich mich darüber, dass ich mich zwar auch gesund ernährte – aber dabei nicht die Portionen aus den Augen verlor.

Das ist bei mir genetisch

Freitagabend, Firmenfeier im Stadthotel. Der Saal war voll, das Buffet üppig – und ich stand mit einem Glas Wasser in der Hand an einem der Stehtische, bereit, einen entspannten Abend zu geniessen.

Da gesellte sich Thomas zu mir, ein Kollege, der immer eine leicht gequälte Miene aufsetzte, sobald das Thema Gewicht zur Sprache kam. Und heute dauerte es nicht lange.

«Weisst du», begann er und fischte sich gleichzeitig zwei Frühlingsrollen und ein Stück Lasagne auf seinen Teller, «bei mir ist das genetisch.»

Er nickte bedeutungsvoll, als hätte er gerade eine wissenschaftliche Sensation verkündet. «Ich kann essen, was ich will – ich nehme einfach immer zu. Mein Stoffwechsel ist kaputt.»

Ich nickte höflich, während ich ihn beobachtete. Thomas hatte sich wirklich Mühe gegeben: zwei Sorten Pasta, etwas Kartoffelgratin, drei kleine Desserts auf einem Extrateller. Dazu ein Bier.

«Meine Mutter hatte auch immer Gewichtsprobleme», erklärte er mir weiter, während er eine Gabel Lasagne balancierte. «Das liegt einfach in der Familie. Da kann man nichts machen.»

Und um seinen Punkt zu untermauern, gönnte er sich noch ein zweites Dessert. Schliesslich war es genetisch bedingt, nicht seine Schuld.

Ich lächelte und schwieg.

Im Laufe des Abends fiel mir auf, dass Thomas seine Theorie auch anderen gegenüber zum Besten gab.

«Egal wie wenig ich esse, ich nehme sofort zu», klagte er einer Kollegin, während er am Buffet noch ein Stück Käse und ein Brot nachlegte.

«Bei uns im Dorf haben das alle», erklärte er einem anderen Kollegen, während er sich ein zweites Bier holte.

«Sport bringt bei mir auch nichts», betonte er, während er gemütlich in einen Cupcake biss.

Ich dachte an die vielen kleinen Entscheidungen, die ich beobachtete: Noch ein Nachtisch hier, noch ein Snack da. Keine Portion jemals wirklich klein. Nie ein Moment, in dem er bewusst aufhörte, obwohl er längst satt war.

Natürlich gibt es genetische Einflüsse, dachte ich bei mir. Aber sie bestimmen vielleicht das Startfeld – nicht das Ziel. Die Strecke, die wir laufen, die Art, wie wir essen, wie wir uns bewegen – das entscheiden wir schon noch selbst.

Später am Abend, als ich auf dem Heimweg war, musste ich wieder an einen Satz denken, den mein alter Trainer mal gesagt hatte: «Die Gene laden das Gewehr – aber abgedrückt wird meistens selbst.»

Und während ich zu Hause zufrieden meine Sportschuhe in die Ecke stellte, wusste ich: Es mag sein, dass wir unterschiedliche Voraussetzungen haben – aber Ausreden ändern weder die Waage noch das Spiegelbild.

Samstagmorgen, Marktbesuch.

Ich schlenderte gemütlich an den bunten Ständen entlang, als ich hinter mir eine bekannte Stimme hörte – Petra, eine frühere Bekannte aus dem Aqua-Fit.

«Ach komm, so schlimm ist das doch alles gar nicht», sagte sie gerade lachend zu ihrer Freundin, während sie sich ein überquellendes Croissant mit extra Schokolade gönnte.

Ich blieb ein wenig zurück und beobachtete sie. Petra war die Meisterin der Verdrängung.

Wann immer sie über ihr Gewicht sprach, tat sie es mit einer Mischung aus Schulterzucken und charmantem Selbstbetrug.

«Ich esse ja eigentlich kaum was», sagte sie und steuerte zielsicher auf den Crêpe-Stand zu.

«Nur hier und da mal eine Kleinigkeit», erklärte sie, während sie sich eine Crêpe mit Nutella bestellte, die grösser war als ein Dinner-Teller.

Es war faszinierend: Während sie genüsslich kaute, redete sie sich selbst ein, dass das alles ja nichts bedeutete.

«Ich beweg mich ja viel im Alltag», war ihr nächstes Argument, während sie sich danach noch einen frisch gepressten Orangensaft gönnte – «Vitamine müssen schliesslich sein.»

Ihre Freundin, offensichtlich längst an Petras Logik gewöhnt, nickte nur zustimmend.

Petra schien sich in einer Welt zu bewegen, in der alles irgendwie «nicht so schlimm» war:

– Drei Kekse am Nachmittag? «War ja Vollkorn!»

– Zwei Portionen Pasta am Abend? «War ja selbst gekocht!»

– Eine halbe Packung Nüsse vor dem Fernseher? «Sind ja gesunde Fette!»

Je länger ich ihnen zuhörte, desto mehr erinnerte es mich an eine Art freundliches Märchenerzählen. Eine kleine, harmlose Geschichte, die man sich selbst erzählt, damit man sich nicht verändern muss.

Am Ende des Marktbesuchs, als Petra schon eine Einkaufstasche voll mit süssen Backwaren und «ganz bisschen Käse» nach Hause trug, sagte sie zufrieden: «Eigentlich ernähre ich mich ja echt gesund.»

Ich lächelte still vor mich hin und dachte an einen Spruch meines alten Biologielehrers: «Die Natur verhandelt nicht – sie zählt.»

Und während ich meine zwei knackigen Äpfel und eine Handvoll Mandeln in meinen Rucksack packte, freute ich mich darüber, dass ich aufgehört hatte, mir Geschichten zu erzählen – und stattdessen echte Entscheidungen traf.

Ein harter Tag braucht Belohnung

Donnerstagabend, kurz nach acht. Ich sass in meinem Lieblingscafé, bestellte mir einen Kräutertee und wollte noch ein wenig lesen, als ich am Nebentisch ein bekanntes Ritual beobachten durfte.

Sven, ein alter Bekannter, hatte sich an einen der grösseren Tische gesetzt. Er sah geschafft aus – Augenringe, zerzauste Haare, die Krawatte hing schief.

Kein Zweifel: Ein harter Arbeitstag lag hinter ihm. «Das hab ich mir jetzt echt verdient», sagte er und winkte die Bedienung herbei.

Er bestellte einen grossen Cappuccino – mit Sahne. Und dazu ein riesiges Stück Schokotorte. «Mach gleich noch Sahne drauf», rief er fröhlich.

Ich konnte nicht anders, ich musste grinsen. Denn ich kannte das schon von früher: Für jeden stressigen Tag, jede anstrengende Präsentation, jede kleine Niederlage gab es eine Art Ausgleich – vorzugsweise in Form von Zucker und Fett.

«Ohne Belohnung ist das Leben doch trostlos», erklärte Sven stolz seiner Begleitung, die ebenfalls mit einem Latte Macchiato und einem Schokomuffin bewaffnet war.

Während ich an meinem Tee nippte, beobachtete ich weiter. Nach der Torte folgte ein kurzer Blick auf die Karte. «Ach, ein kleines Bier geht auch noch», meinte Sven schliesslich. «Sonst komm ich ja gar nicht runter.»

Und schon wenige Minuten später stand ein kühles Weizen vor ihm. Entspannung schien für ihn untrennbar mit Konsum verbunden zu sein.

Im Laufe des Abends erfuhr ich – mehr oder weniger unfreiwillig – noch weitere Details:

Montag: Pizza zur Belohnung für ein stressiges Meeting. Dienstag: Eis, weil er Überstunden gemacht hatte. Mittwoch: Chips, weil er sich über den Chef geärgert hatte. Donnerstag (heute): Torte und Bier, weil… ja, weil eben wieder alles anstrengend war.

Ich schüttelte innerlich den Kopf. Natürlich darf man sich mal etwas gönnen. Aber wenn der Alltag zur ständigen Rechtfertigung für kleine Exzesse wird, dann braucht man sich über stetig steigende Hosenweiten nicht zu wundern.

Sven prostete mir irgendwann fröhlich zu und sagte: «Man muss sich halt auch mal was gönnen!»

Ich lächelte zurück und dachte an ein Sprichwort, das mir eine alte Yogalehrerin einmal beigebracht hatte: «Entspannung findet im Kopf statt – nicht auf dem Teller.»

Während ich später entspannt nach Hause ging, spürte ich: Ein ruhiger Tee, ein gutes Buch – manchmal ist das die viel schönere Belohnung als Sahne und Schokolade.

Urlaubsschlemmen

Die Sommerferien standen vor der Tür, und im Büro war die Vorfreude spürbar. Doch mit jedem Gespräch schlich sich ein immer wiederkehrendes Thema ein: das Essen. Kaum jemand sprach mehr über Pläne zum Wandern, Sightseeing oder Entspannen – stattdessen drehte sich alles nur noch um kulinarische Genüsse.

«Ich freue mich schon so auf das Buffet im Hotel!», schwärmte Frau Keller. «Die haben dort so eine Riesenauswahl an Kuchen und Torten – da werde ich zuschlagen!» Herr Fischer nickte zustimmend: «Und ich will endlich mal wieder richtig schlemmen, Pizza, Pasta, Eis – das wird ein Fest!»

Ich, der stille Beobachter, konnte mir ein Schmunzeln nicht verkneifen. Es war, als ob die Ferien für sie nur aus Essen bestanden. Die Gespräche drehten sich permanent um Kalorien, Spezialitäten und die Frage, wie man möglichst viel probieren konnte, ohne an Gewicht zuzulegen. «Ach, im Urlaub darf man das doch», hörte ich oft.

Doch ich erinnerte mich an meine eigenen Ferien früher: Auch ich war ständig auf der Jagd nach dem nächsten Snack, der nächsten Süssigkeit, dem nächsten «besonderen» Gericht. Dabei vergass ich oft, die Umgebung zu geniessen, die Sonne auf der Haut zu spüren oder einfach mal nichts zu tun.

Heute sehe ich das anders. Für mich sind Ferien eine Zeit, um Energie zu tanken, nicht um Kalorien zu bunkern. Ich geniesse bewusst, esse kleine Portionen, probiere Neues – aber ohne das ständige Grübeln ums

Essen. Und das Beste: Ich komme erholt und mit guter Laune zurück, nicht mit einem schlechten Gewissen und ein paar Kilos mehr.

Zurück im Büro erinnerten mich die Gespräche an eine Kollegin, die nach den Ferien immer müde und gestresst wirkte – weil sie sich selbst im Urlaub so unter Druck setzte, «alles ausprobieren zu müssen». Ich lächelte und dachte: «Man wird nicht schlank geboren – aber man kann lernen, Ferien und Essen zu geniessen, ohne sich selbst zu fangen.»

Die Ferien sind keine Dauer-Schlemmerei, sondern eine Chance für bewussten Genuss und Erholung. Wer den Fokus nur aufs Essen legt, verpasst das Wesentliche – und tappt in die Urlaubsfress-Falle.

Schlank bleiben heisst, auch im Urlaub mit Spass und Mass zu geniessen.

Die eiserne Abkürzung

Montagmorgen, Wartezimmer beim Hausarzt. Ich sass mit einer Zeitschrift aus dem Jahr 2017 auf einem wackeligen Stuhl und versuchte, mich auf Kreuzworträtsel Nummer 33 zu konzentrieren, als sie hereinkam: Gabi.

Gabi war eine Frau, die sich grundsätzlich nicht gerne anstrengte – ausser, wenn es darum ging, sich nicht anstrengen zu müssen.

Man konnte sie regelmässig beim Mittagessen beobachten, wie sie sich über die Ungerechtigkeit der Welt beschwerte: «Ich esse gar nicht so viel! Ich habe einfach schlechte Gene!», sagte sie gern, während sie sich ein paniertes Schnitzel mit extra Pommes bestellte.

Heute war sie offenbar in Mission unterwegs.

«Ich hab jetzt genug!», verkündete sie laut ins Wartezimmer, auch wenn niemand gefragt hatte. «Ich will ein Magenband. Ganz ehrlich – das ist doch die einzige Lösung heutzutage.»

Eine ältere Dame hob erstaunt die Augenbrauen. Gabi liess sich neben mich plumpsen und begann sofort, mir ihre Lebensgeschichte zu erzählen. Oder besser gesagt: ihre Leidensgeschichte.

«Ich hab alles versucht. Wirklich alles», sagte sie. «Low Carb – furchtbar. Da darf man ja nicht mal Brot essen! Weight Watchers – völliger Blödsinn, als müsste ich Punkte zählen wie ein Kind! Intervallfasten – hat nur gebracht, dass ich in den Essensphasen wie ein Staubsauger war.»

Ich nickte vorsichtig. «Und Sport?» wagte ich zu fragen.

Gabi rollte mit den Augen. «Also bitte. Ich bin kein Tier. Ich will ja abnehmen – nicht sterben.» Sie lachte über ihren eigenen Witz, der leider verdächtig ernst gemeint war.

«Nein», sagte sie. «Ich hab gestern eine Doku gesehen. Da haben Leute ein Magenband bekommen. Zack – fünfzig Kilo weg. Die konnten nur noch Miniportionen essen. Genau das brauch ich.»

Ich überlegte kurz, ob ich sie daran erinnern sollte, dass man auch ohne chirurgischen Eingriff einfach kleinere Portionen essen könnte – so ganz freiwillig, mit Messer und Gabel statt Skalpell und Narkose. Aber ich entschied mich fürs Schweigen. Erfahrungsgemäss führt bei Gabi jeder Hinweis auf Eigenverantwortung zu einem sofortigen Anstieg des Blutdrucks. Meines, wohlgemerkt.

«Und das Beste», fuhr sie fort, «man muss sich gar nicht umgewöhnen. Das Band regelt das für dich. Endlich keine Disziplin mehr nötig!»

In dem Moment kam die Sprechstundenhilfe und rief sie auf. Gabi stand auf, schnaufte kurz und fragte: «Merkt man eigentlich, ob das Band aus Titan ist? Ich will keinen Piepsalarm am Flughafen.»

Als sie hinter der Tür verschwand, musste ich lautlos lachen. Denn ich wusste: Gabi hatte keine Lust auf Veränderung. Sie wollte ein eingebautes Nein-Sagen. Einen automatischen Türsteher für ihren Magen. Dass sie damit das eigentliche Problem nicht löste – ihren Kopf – war ihr herzlich egal.

Ich erinnerte mich an ein Gespräch mit einem Ernährungscoach, der mal sagte: «Ein Magenband kann dich nicht daran hindern, flüssige Kalorien zu trinken, Schokolade zu lutschen oder Eis zu löffeln. Es hilft nur, wenn du auch bereit bist, deine Einstellung zu ändern.»

Als Gabi zehn Minuten später wieder rauskam, sah sie ernüchtert aus. «Der Arzt meint, das ist nicht nötig bei mir. Ich soll erstmal meine Essgewohnheiten überdenken», sagte sie beleidigt.

Dann zückte sie ihr Handy, bestellte sich per App zwei belegte Brötchen beim Bäcker und setzte sich kopfschüttelnd wieder neben mich. «Der hat ja keine Ahnung», murmelte sie. «Ich bestell mir jetzt mal einen Termin bei einem Spezialisten. So ein Band wär genau mein Ding.»

Ich widmete mich wieder meinem Kreuzworträtsel. 9 waagrecht: «Eiserne Kontrolle über sich selbst (15 Buchstaben)».

Ich grinste und schrieb leise: Selbstdisziplin.

Alles, nur keine normale Mahlzeit

Es war einer dieser typischen Mittwochabende im Spätsommer, als ich meine Freundin Silvia im Park traf. Eigentlich wollten wir einfach eine Runde spazieren gehen, ein bisschen frische Luft schnappen und quatschen. Doch schon nach drei Minuten wurde mir klar: Silvia hatte andere Pläne – sie wollte mir ihre neueste Diät erklären.

«Ich mache jetzt Detox – nur grüne Säfte!», verkündete sie stolz und hielt eine durchsichtige Glasflasche mit einem schimmernden Etwas hoch, das aussah wie pürierter Rasen.

Ich betrachtete das Gebräu skeptisch.

«Das trinkst du wirklich freiwillig?» fragte ich.

«Ja klar!», antwortete sie enthusiastisch. «Das reinigt meinen Körper von innen. Nur Sellerie, Spinat, Algen und ein bisschen Cayennepfeffer für den Stoffwechsel-Boost.»

Ich nickte vorsichtig, während ich versuchte, nicht an die Lasagne zu denken, die ich eine Stunde zuvor mit grossem Vergnügen gegessen hatte.

Silvia war ein wandelnder Diät-Atlas. In den letzten drei Jahren hatte sie mehr Systeme durchlaufen als mein Computer Updates.

Ich erinnerte mich:

– Die Kohlsuppen-Diät, bei der sie eine Woche lang so viel Kohl gegessen hatte, dass ihr Kühlschrank roch wie ein Bauernmarkt im Hochsommer.

– Die Blutgruppendiät, bei der sie verzweifelt versuchte herauszufinden, ob ihre Vorfahren eher Jäger

132

oder Sammler waren – und deswegen keine Tomaten essen durfte.

– Dann war da noch die Mondsynchron-Diät: Fasten bei Vollmond, Schlemmen bei Neumond. An einem Punkt schien sie sich mehr mit dem Kalender der NASA zu beschäftigen als mit ihrem eigenen Essverhalten.

– Und natürlich die Bananendiät – mit dem Resultat, dass sie nach vier Tagen alle Menschen, die «Bananen» sagten, aktiv mied.

Heute war es also Detox – oder wie Silvia es nannte: «Der Neustart meines Systems.»

Ich beobachtete, wie sie vorsichtig an ihrem grünen Elixier nippte, das vermutlich nach nassem Wald schmeckte.

«Und fühlst du dich schon leichter?» fragte ich, leicht ironisch.

«Ich hab ein bisschen Kopfschmerzen, friere dauernd und muss alle 15 Minuten aufs Klo», sagte sie. «Aber das ist normal. Das sind die Schlacken, die rauskommen.»

Ich versuchte, nicht zu lachen. Schlacken. Ich dachte, das hätten wir in der siebten Klasse in Chemie besprochen – und als Mythos abgelegt.

Wir setzten unseren Spaziergang fort. Nach zehn Minuten wurde Silvia plötzlich langsamer.

«Ich glaub, ich bin unterzuckert», murmelte sie und hielt sich an einem Laternenpfahl fest.

«Ich hab heute nur zwei Gurken-Avocado-Säfte getrunken.»

Ich bot ihr einen Müesliriegel an, den ich in der Jackentasche hatte. Sie schielte kurz drauf, zuckte dann aber tapfer die Schultern.

«Ich darf das nicht. Ich will nicht aus der Ketose fliegen.»

«Ich dachte, du machst Detox?», fragte ich.

«Ja, aber ich kombiniere das jetzt mit Intervallfasten und ein bisschen Keto», erklärte sie atemlos.

Ich nickte, obwohl mir der Verdacht kam, dass sie langsam nicht mehr Diäten kombinierte, sondern ihre Sinne verlor.

Am Ende des Spaziergangs brachte ich sie sicher nach Hause – sicherheitshalber.

«Morgen mach ich dann mal einen Reistag», sagte sie zum Abschied. «Und danach startet meine Saftkur mit roter Beete.»

Ich ging kopfschüttelnd weiter und erinnerte mich an eine alte Weisheit eines sehr weisen Menschen (möglicherweise mein Grossvater): «Der Körper braucht keinen Saft-Zauber. Der braucht einfach nur weniger Mist und ein bisschen Bewegung.»

Und während ich zu Hause gemütlich ein Vollkornbrot mit Frischkäse ass, dachte ich zufrieden: Nicht alles, was klingt wie ein Konzept, ist auch sinnvoll.

Manchmal ist das Beste, was man tun kann, einfach: normal essen.

Transformation – oder so ähnlich

Es war das Sommerfest im Büro – einer dieser halbwegs geselligen Anlässe, bei denen alle versuchen, so zu tun, als hätten sie sich ausserhalb von Excel-Tabellen auch noch etwas zu sagen.

Ich stand mit einem Teller Salat und einem Mini-Grillspiess bewaffnet im Schatten des Pavillons, als ich ihn sah: Mike.

Mike aus der Buchhaltung, früher mal bekannt als «die menschliche Kaffeepause», stand mit verschränkten Armen am Buffet und diskutierte engagiert mit der Kollegin von HR über Kohlenhydratfallen in Kartoffelsalat.

«Ich esse ja inzwischen ganz anders», sagte Mike und stach sich ein Hähnchenschenkel auf den Teller. «Alles Eiweiss. Keine leeren Kalorien mehr.»

Ich war neugierig. Mike hatte in den letzten Monaten viel von seinem Personal Coach gesprochen – einer gewissen «Bianca», die laut ihm schon Menschen aus jeglicher Körperform zurück ins wahre Leben getrimmt hatte.

Wobei – optisch hatte ich keine wirkliche Transformation bemerkt.

Da kam auch schon Kollege Stefan und platzierte die Frage aller Fragen mitten in die Sossenlandschaft:

«Und, Mike – hast du jetzt eigentlich abgenommen?»

Ein Raunen ging durchs Buffet. Mike kaute langsam, als ob er sich überlegen wollte, ob die Antwort nun motivieren oder abschrecken sollte. Dann kam sie: «Nicht direkt. Aber mein Coach meint, ich habe Fett in Muskeln umgewandelt.»

Ich musste mich am Brotkorb festhalten, um nicht laut loszulachen.

«Fett. In Muskeln. Umgewandelt?», fragte Stefan mit einem skeptischen Unterton.

«Klar», sagte Mike. «Ich trainiere ja jetzt. Drei Mal die Woche. Kraft und Ausdauer. Mein Stoffwechsel läuft auf Hochtouren.»

Ich betrachtete Mike kurz. Er trug wie immer ein etwas zu enges Polohemd, das auf Höhe des Bauchnabels leicht spannte. Wenn er wirklich Muskeln aufgebaut hatte, dann waren sie verdammt schüchtern – sie versteckten sich konsequent unter einer Schicht Witzigkeit.

«Aber Fett wird doch nicht einfach zu Muskeln?», wagte ich vorsichtig einzuwenden.

Mike sah mich mit dem Blick eines Mannes an, der bei YouTube ein Video über Zellstruktur gesehen hatte.

«Nicht direkt, aber praktisch schon. Das geht über den Stoffwechsel. Fett wird abgebaut und durch gezieltes Training entstehen Muskeln. Das ist eine Art… metabolische Reorganisation.»

Ich nickte langsam, während ich versuchte, das Wort «Reorganisation» nicht mit «Realitätsverlust» zu verwechseln.

Während Mike sich seinen zweiten Teller holte – wieder mit Fokus auf Eiweiss (drei Bratwürste, zwei Hähnchenschenkel, ein Klecks Senf) – erzählte er noch von seinem neuesten Ernährungsprinzip: «Ich

136

esse nur, wenn ich echten Hunger habe – oder wenn's was Leckeres gibt.»

Am Ende des Abends verabschiedete er sich mit einem schmatzenden «Bis Montag, Leute – denkt dran, Muskeln wiegen mehr als Fett!»

Ich blieb zurück, grinste und erinnerte mich an ein Gespräch mit einem echten Fitnesstrainer, der mal gesagt hatte:

«Fett und Muskeln sind wie Öl und Wasser – das eine kann nicht einfach zum anderen werden. Du kannst Fett abbauen und Muskeln aufbauen – aber Zauberei ist das keine.»

Als ich an diesem Abend meine Sporttasche für den nächsten Tag packte, dachte ich: Wer jeden Monat seinen Körper «neu organisiert», aber trotzdem keinen Gürtel enger schnallen muss, lebt vielleicht in einem sehr flexiblen Verhältnis zur Realität – aber hey, wenigstens mit Humor.

Tag 31 – und täglich grüsst der Keks

Man sagt, es dauert 30 Tage, um eine Gewohnheit zu ändern. Das hatte ich in irgendeinem schlauen Artikel gelesen, den mir mein Kollege Frank begeistert weitergeleitet hatte – natürlich direkt nach Neujahr.

«30 Tage. Danach läuft alles von selbst!», verkündete Frank mit so viel Überzeugung, als hätte er gerade das Geheimnis ewiger Jugend entdeckt.

Frank, Typ sympathischer Bauchträger mit Hang zu Diät-Hypes, hatte beschlossen, sämtliche schlechten Gewohnheiten aus seinem Leben zu verbannen – mit System!

Keine Süssigkeiten mehr im Büro, kein Snacking nach 20 Uhr, kein Zucker im Kaffee. Dafür Bewegung. Wasser. Salat. Achtsamkeit.

«Ich nenne es: Projekt Frank 2.0», sagte er stolz in der Kaffeeküche, während er einen grünen Smoothie umrührte, der aussah wie Wandfarbe aus den 70ern.

Ich beobachtete ihn neugierig. Die ersten Tage war Frank ein Vorbild an Disziplin. Er brachte Tupperdosen mit Quinoa, biss beherzt in Möhrensticks und lehnte Geburtstagskuchen mit der Miene eines buddhistischen Mönchs ab.

Tag 5: Alles im Griff.

Tag 12: «Ich hab schon viel weniger Verlangen. Es ist alles Kopfsache!»

Tag 17: Leichte Gereiztheit. Kaffeepause mit Kamillentee statt Keks.

Tag 21: «Ich glaube, mein Körper entgiftet gerade. Ich hab Kopfschmerzen und träume von Apfelstrudel.»

Aber er hielt durch. Bis Tag 30.

«Morgen ist es geschafft!», rief Frank euphorisch durchs Grossraumbüro. «Dann bin ich offiziell entwöhnt!»

Ich freute mich für ihn. Ehrlich. Auch wenn ich innerlich ahnte, dass Tag 31 möglicherweise weniger magisch sein würde als erhofft.

Und tatsächlich. Am nächsten Morgen sass Frank an seinem Schreibtisch – vor sich: ein Kaffee mit zwei Zucker, ein Croissant und ein Schoko-Müesliriegel.

Ich blieb stehen. «Neuer Plan?», fragte ich grinsend. Frank kaute und nickte. «Ich dachte, ich gönn mir mal was. Ist ja jetzt keine Gewohnheit mehr.»

Am Nachmittag folgte ein Keks zum Kaffee («nur wegen des Meetings»), am Abend dann ein Foto in der Büro-WhatsApp-Gruppe: «Pizza für die Nerven – Tag war hart.»

Tag 31. Das Comeback der alten Muster.

Am nächsten Tag kam Frank leicht zerknirscht in die Küche. «Weisst du», sagte er, «ich glaube, die 30-Tage-Regel funktioniert nur, wenn danach nicht der 31. kommt.»

Ich lachte. «Tja, schlechte Gewohnheiten sind wie Stammgäste – sie kommen immer wieder, wenn man die Tür nicht abschliesst.»

Er nickte. «Ich fang nochmal von vorne an. Vielleicht diesmal 60 Tage. Oder 90. Oder ich mach's wie meine Tante – die hat einfach nie Süsses gekauft. Wenn nix da ist, isst man's auch nicht.»

Ich klopfte ihm auf die Schulter. «Oder du gewöhnst dich einfach ans Weitermachen – nicht ans Aufhören. Gewohnheiten ändern sich nicht in 30

Tagen. Aber man kann in 30 Tagen anfangen, sie zu ändern.»

Frank grinste. «Oder wie mein Coach sagt: Eine neue Gewohnheit ist wie ein schlechter Handyvertrag. Du musst sie erstmal durchziehen, bevor du sie kündigen kannst.»

Und während Frank sich eine Banane aus seiner Tasche zog – direkt neben einem leicht zerdrückten Schokoriegel – wusste ich: Er war auf dem richtigen Weg. Mit Umwegen, klar. Aber immerhin in Bewegung.

Flüssiges Abendessen

Freitagabend, 19:30 Uhr, Bar «Zum schrägen Glas». Ich hatte mich auf ein ruhiges Bier nach einer anstrengenden Woche gefreut, als ich meinen alten Kumpel Andi am Tresen entdeckte. Er war schon mittendrin – rein optisch bei Bier Nummer drei, gefühlt aber sicher auf dem Weg zum vierten.

«Ey! Lange nicht gesehen!», rief er mir zu und winkte mit seinem Bierglas, als wäre es eine olympische Fackel.

Ich setzte mich zu ihm.

«Und, wie läuft's?»

Andi klopfte sich auf den Bauch – oder sagen wir: auf das, was mal sein Bauch war, inzwischen aber eine kleine, beachtliche Kuppel.

«Ach, alles top. Ich hab meine Ernährung umgestellt. Nur noch abends was trinken – keine Mahlzeiten mehr.»

Ich runzelte die Stirn.

«Du meinst: Intervallfasten?»

Er grinste.

«So ähnlich. Ich ess nix nach 18 Uhr. Nur flüssig. Bier, mal ein Gin Tonic, hin und wieder ein kleines Ramazzotti – du weisst schon, flüssige Entspannung.»

Ich schielte auf den Zapfhahn.

«Aber… du weisst schon, dass Alkohol auch Kalorien hat?»

Andi winkte ab.

«Klar, aber das ist doch kein Vergleich zu so 'nem Teller Pasta. Ausserdem: Ich hab doch nichts gegessen! Gar nix!»

In dem Moment kam der Barkeeper und stellte eine Schale Erdnüsse auf den Tresen. Andi griff rein. «Na gut, die zählen nicht. Die sind ja für alle da.»

Zwei Stunden und vier Getränke später hatte Andi noch immer nichts «gegessen». Dafür hatte er ein Weizenbier, zwei Cuba Libre, einen Shot und einen Whiskey Sour intus. Plus die Erdnüsse. Und ein paar Salzstangen. Und «nur einen halben Nacho» von der Bedienung probiert, «weil er so nett angeboten wurde».

Ich merkte, wie sein Gesicht leicht gerötet war – eine Mischung aus Alkohol, Lichteinfall und Selbstbetrug.

«Weisst du», lallte er schliesslich, «das Problem bei Diäten ist ja, dass alle nur aufs Essen achten. Aber trinken? Ha! Da fragt keiner. Dabei… ich hab da mal gelesen… Bier hat gar nicht so viele Kalorien wie man denkt.»

Ich zog mein Handy raus. «Ein halber Liter Bier hat etwa 200 Kalorien. Das ist mehr als eine halbe Portion Pommes.»

Andi winkte ab. «Aber ich trinke es ja langsam!» Ich schluckte mein Lachen runter und beobachtete, wie er dann doch noch eine Portion Chicken Wings bestellte – «zum Ausgleich».

Später half ich ihm in sein Taxi. Er lehnte sich zurück und sagte zufrieden: «Heute war ein guter Tag. Kein Stress, nix gegessen – nur ein paar Drinks. Ich glaub, ich hab sogar abgenommen!»

Ich nickte. «Klar. Du hast nur flüssige Kalorien zu dir genommen. Die setzen sich ja nur ganz weich an.»

Als das Taxi davonfuhr, erinnerte ich mich an eine alte Weisheit: Der Körper zählt nicht nur das, was auf dem Teller liegt – sondern auch das, was im Glas schwimmt.

Und in Andis Fall: eine ganze Mahlzeit. In mehreren Runden.

Anekdote zum Schluss: Ein paar Wochen später traf ich Andi beim Joggen im Park. Also, er joggte nicht – er sass auf der Bank mit einem Isogetränk in der Hand. «Ich trinke jetzt Sportdrinks», sagte er stolz. «Gleicher Effekt wie Training, nur mit weniger Schwitzen.»

Ich lächelte und dachte: Man kann sich alles schönreden – sogar Kalorien, die man trinkt.

Verdiente Belohnung

Mittwochabend, Fitnessstudio. Ich hatte gerade mein Training beendet und sass entspannt im kleinen Bistrobereich, als ich sie kommen sah: Jasmin, unsere heimliche Heldin des Belohnungsprinzips.

Jasmin trainierte sehr regelmässig – zweimal die Woche, manchmal sogar dreimal. Sie absolvierte brav ihre Stunde auf dem Laufband oder im Spinningkurs, schwitzte ordentlich und wirkte danach immer ein wenig erschöpft, aber sehr zufrieden.

Heute, nach einer Stunde schweisstreibendem Bodypump, schleppte sie sich in Richtung Theke.

«Das hab ich mir jetzt aber verdient!», sagte sie zu niemand bestimmtem und bestellte sich ein grosses Panini mit extra Käse und eine Apfelschorle. Während sie wartete, angelte sie sich noch einen Müesliriegel aus dem Verkaufsregal.

Ich beobachtete schmunzelnd, wie sie sich mit einem zufriedenen Seufzer an einen Tisch setzte.

Es war ein Ritual: hart trainieren – und sich dafür belohnen. Und zwar nicht zu knapp.

Während sie ihr Panini genüsslich verspeiste, redete sie sich mit ihrer Sitznachbarin in Fahrt: «Wenn ich schon so viel Kalorien verbrannt habe, muss ich sie ja irgendwie wieder auffüllen. Sonst bringt das Training ja nichts!»

Ich nippte an meinem Wasser und versuchte, nicht zu laut zu lachen. Was Jasmin offenbar nicht wusste (oder erfolgreich verdrängte): Eine Stunde Bodypump verbrennt vielleicht 400, maximal 500 Kalorien – je nach Intensität.

Ihr Panini samt Riegel und Apfelschorle dagegen dürfte locker auf über 800 Kalorien kommen. Und das war noch optimistisch gerechnet.

Doch Jasmin strahlte. In ihren Augen hatte sie heute alles richtig gemacht. «Man darf sich ruhig was gönnen», verkündete sie noch, während sie den letzten Bissen verputzte.

Da hatte sie nicht ganz Unrecht – nur vielleicht nicht im Verhältnis 1:2.

Ich packte langsam meine Sachen zusammen und verabschiedete mich mit einem Lächeln.

Auf dem Heimweg dachte ich über diesen weit verbreiteten Trugschluss nach: Sport sei eine Freikarte für hemmungsloses Schlemmen. Als wäre jede Bewegung sofort ein Joker im Spiel des Lebens.

Aber mein Grossvater hatte dazu immer einen einfachen Spruch: «Belohn dich ruhig – aber nicht so, dass du den Preis verdoppelst.»

Und während ich zu Hause eine kleine, leichte Mahlzeit genoss, wusste ich: Der wahre Lohn für Bewegung war nicht das Panini – sondern das gute Gefühl im eigenen Körper.

Der Bio-Keks-Schwindel

«Ich gönn mir jetzt was Gesundes», sagte Melanie und zog mit eleganter Geste einen Proteinriegel aus der Tasche. Verpackung in beige-grün, mit aufgedruckten Chiasamen, einem Hauch Vanille und dem verheissungsvollen Versprechen: 100% natürlich – kein Zuckerzusatz.

Wir sassen in der Büroküche, es war kurz nach drei. Diese Uhrzeit, an der Energie und Motivation gleichzeitig verschwinden und nur noch ein Snack die Laune retten kann.

«Schau», sagte sie weiter und hielt mir stolz die Nährwerttabelle unter die Nase. «Alles bio, mit Datteln gesüsst. Und Hafer. Hafer ist gut für den Darm.»

Ich wollte gerade meinen Apfel aufbeissen, als ich kurz auf die Kalorienangabe schielte:

243 kcal. Pro Riegel. Fast so viel wie ein kleines Stück Sachertorte. Nur trockener.

«Und was hast du?» fragte sie und musterte mein Obst kritisch. «Ein Apfel», sagte ich. Sie grinste mitleidig. «So altmodisch. Der hat ja auch Fruchtzucker.» Ich biss demonstrativ ab.

Melanie war in der Phase, in der viele landen, wenn sie beschliessen «gesünder» zu essen – aber eigentlich nur das schlechte Gewissen beruhigen wollen.

In ihrer Welt bedeutete «gesund»: Wenn es nicht nach Zucker aussieht, ist auch keiner drin. Mandeln? Super. Kokosöl? Mega! Getrocknete Beeren mit Honigüberzug? Na klar, ist ja kein Industriezucker. Und wenn's im Bioladen steht, muss es sowieso besser sein.

146

In der Woche darauf wurde es noch besser. Sie hatte neue «Snack Balls» entdeckt – kleine Kugeln aus Datteln, Kakao, Nüssen und selbstgemachtem Superfood.

«Da ist gar nichts Schlechtes drin!», rief sie begeistert und schob sich zwei davon in den Mund.

Ich fragte: «Wie viele Kalorien pro Ball?»

Sie zuckte die Schultern. «Weiss nicht. Aber ist ja alles gesund. Nüsse und so.»

Ich googelte diskret. 90 Kalorien pro Kugel. Sie hatte fünf gegessen. Also fast 450 kcal. Zwischen Frühstück und Mittag.

Als ich sie darauf ansprach, sagte sie: «Aber das ist gute Energie! Nicht wie bei Kuchen.»

Ich verzichtete darauf, das Thema Glykämischer Index oder Kaloriendichte zu erklären. Manche Wahrheiten müssen wachsen wie Brokkolisprossen: langsam und von selbst.

Wenig später brachte sie sogar ihre eigenen «Energy Cookies» ins Büro. Gebacken mit Dinkelmehl, Agavensirup und Liebe. Sie verteilte sie grosszügig an alle, liess aber die Zutatenliste weg.

Ich biss hinein. Süss, ölig, nussig – ehrlich gesagt: sehr lecker.

«Und?», fragte sie erwartungsvoll.

Ich nickte. «Schmeckt wie Kuchen.»

Sie lachte. «Aber ist keiner! Ist gesund! Mit Chia!»

Ich fragte mich, wie viele Chiasamen nötig wären, um 120 Gramm Agavensirup auszugleichen.

Eine Woche später gab's die grosse Büro-Gewichts-Challenge. Wer in einem Monat zwei Kilo abnahm, bekam einen Gutschein fürs Spa. Melanie seufzte. «Ich versteh das nicht. Ich ess echt nur gesund. Keine Schokolade, kein Kuchen, keine Gummibärchen. Nur meine Sachen.»

Ich fragte vorsichtig:

«Zählst du eigentlich Kalorien?»

Sie sah mich an wie ein Veganer einen Wurststand.

«Wozu? Ich ess ja gesund.»

Ich zuckte mit den Schultern.

«Manchmal ist es halt nicht der Kuchen, der dick macht – sondern der Keks mit Bio-Label.»

Sie war einen Moment still. Dann sagte sie: «Vielleicht nehm ich morgen lieber einen Apfel.»

Ich reichte ihr einen. Und wir assen still. Erstaunlich süss – für was so Einfaches.

Anekdote zum Schluss: Später in der Woche stand Melanie wieder in der Küche – mit einem Apfel in der einen Hand und einem Müesliriegel in der anderen.

«Nur zur Sicherheit», sagte sie. «Falls der Apfel nicht reicht.»

Ich grinste und dachte: Ein Apfel macht satt – wenn man nicht noch einen Riegel dazu isst.

Fast hätte ich sie nicht erkannt

Es war ein gewöhnlicher Dienstagmittag, als ich durch die Stadt lief – Gedanken woanders, Schritte schnell, wie man eben durch die Innenstadt hetzt, wenn man eigentlich keine Zeit hat. Ich wollte nur schnell zur Bank, zurück ins Büro, dann noch ein Telefonat, vielleicht ein schneller Kaffee.

Ich kreuzte gerade den Platz vor der Buchhandlung, als mir eine Frau entgegenkam, lächelnd, aufrecht, sportlich gekleidet – und winkte mir zu.

Ich war bereits zwei Schritte vorbei, als mein Gehirn endlich aufholte.

Der Blick, das Lächeln – war das…?

Ich drehte mich um.

«Zoe?», fragte ich zögernd.

Sie grinste.

«Na endlich erkennst du mich! Ich dachte schon, ich bin jetzt komplett inkognito.»

Ich blieb stehen – und starrte sie an.

Zoe war kaum wiederzuerkennen. Sie sah aus wie ihre eigene, jüngere Schwester. Die Gesichtszüge klar, die Augen leuchtend, ihr Körper schlank, beweglich, energiegeladen.

Ich musste lächeln.

«Ich hätte dich fast übersehen. Was… was ist passiert? Du siehst fantastisch aus!»

Sie lachte. Nicht verlegen, sondern mit diesem gesunden Stolz, den man sich ehrlich erarbeitet.

«Tja, erinnerst du dich noch an deinen Tipp?»

Ich runzelte die Stirn.

«Welcher? Ich geb so viele.»

«Damals, als du meintest, ich solle abends nichts
Schweres mehr essen. Kein Brot mit Salami, keine
Pasta um zehn Uhr, kein halbes Raclette für mich al-
lein.»

Ich lachte. «Stimmt… du hast mir damals gesagt,
dass du ohne Abendbrot nicht schlafen kannst.»

Sie nickte. «Hab ich auch geglaubt. Aber ich hab's
ausprobiert – erst zögerlich, dann konsequent. Nur
noch leicht am Abend: etwas Joghurt, ein paar Tomaten, manchmal Suppe. Und weisst du was? Ich hab
nicht nur geschlafen. Ich hab geschwebt!»

Ich sah sie an. Die Veränderung war nicht nur
äusserlich – sie war in ihrer Haltung, in der Stimme,
in der Energie, die sie ausstrahlte.

«Und das allein hat gereicht?», fragte ich ungläubig. Sie schüttelte den Kopf. «Nicht ganz. Ich hab
noch was gemacht. Jeden Tag – wirklich jeden Tag –
bin ich schwimmen gegangen. Nur ein Kilometer.
Nicht auf Zeit, nicht auf Rekord. Einfach nur schwimmen. Wie Meditation im Wasser. Manchmal früh am
Morgen, manchmal am Abend.»

Ich war beeindruckt.

«Das klingt fast… zu simpel.»

Sie lächelte.

«Ist es auch. Aber weisst du was? Das war mein
Durchbruch. Kein Diätplan, kein Wundermittel, kein
Kapsel-Quatsch. Nur zwei Dinge: Abends leicht essen
– und regelmässig bewegen.»

Ich nickte.

«Und wie lange hat's gedauert?»

«Fast ein Jahr. Am Anfang ging's langsam. Aber
dann, nach drei, vier Monaten, wurde es sichtbar. Und

ich hab mich so gut gefühlt, dass ich gar nicht mehr zurückwollte. Heute vermiss ich mein altes Ich nicht. Nicht den Schweinehund, nicht die Ausreden, nicht die Trägheit.»

Wir gingen noch ein paar Schritte gemeinsam. Ich sah, wie die Leute sich nach ihr umdrehten – nicht wegen ihrer Figur, sondern wegen ihrer Ausstrahlung.

Zoe war ein Beispiel dafür, dass Veränderung möglich ist. Kein spektakulärer, plötzlicher Wandel – sondern ein ruhiger, beharrlicher Weg. Schritt für Schritt. Oder Schwimmzug für Schwimmzug.

Als wir uns verabschiedeten, sagte sie: «Weisst du, was das Schönste ist? Ich hab's mir selbst bewiesen. Kein Coach, kein Programm, nur mein Wille. Und ein kleiner Tipp, der alles ins Rollen gebracht hat.»

Ich winkte ihr nach und dachte: Manchmal braucht es keinen radikalen Neuanfang. Nur eine kleine Richtungskorrektur – zur richtigen Zeit.

Anekdote zum Schluss: Ein paar Wochen später bekam ich von Zoe ein Foto. Sie stand in einem Neoprenanzug am Strand, mit einem Pokal in der Hand. «Mein erstes 2-km-Schwimmrennen», schrieb sie. «Nicht gewonnen, aber angekommen.»

Ich antwortete: «Du hast längst gewonnen. Und das nicht nur im Wasser.»

Wenn Langeweile hungrig macht

Umberto war der klassische Pausen-Snacker. Büroalltag, 15:02 Uhr, Dokumente auf dem Bildschirm, Konzentration am Tiefpunkt – und Umberto tauchte auf. Nicht mit Ideen oder Fragen, sondern mit Essbarem.

«Magst du ein Stück von meinem Schoko-Croissant? Ich ess sonst zwei!», rief er freudestrahlend, während die Butterfüllung bereits aus der Verpackung quoll.

Ich hob die Augenbraue. «Ist das dein Zmittag Nummer zwei oder Nachmittagsdessert Nummer eins?»

«Beides!», grinste er. «Multitasking!» Umberto war nicht dick im klassischen Sinne. Er war eher… umfassend. Ein Mann mit Präsenz – körperlich wie akustisch. Und wenn er sich langweilte (was oft vorkam), war seine Lösung meist essbar. Kekse, Chips, Mandarinen, Schokolade, Gummibärchen – Hauptsache, es knisterte.

«Ich kann halt nicht nichts tun», sagte er einmal. «Und bevor ich was Dummes mache, ess ich lieber was!»

Einmal erwischte ich ihn dabei, wie er in der Kaffeeküche an einem trockenen Müesliriegel nagte und dabei Löcher in die Decke starrte.

«Kein Hunger?», fragte ich.

Er zuckte die Schultern.

«Nein. Nur… keine Ahnung. Irgendwie Leerlauf. Irgendwie… leer. Weisst du?»

«Hast du schon mal versucht, ein Hobby zu finden?», schlug ich vor.

«Ein Hobby? Ich hab ein Netflix-Abo. Zählt das?»

Ein paar Wochen später war er plötzlich stiller.
Nicht unfreundlich – aber weniger präsent. Keine
Chips mehr auf dem Tisch. Keine lautstark zermalm-
ten Riegel während Teams-Meetings. Keine Diskus-
sion über den besten Geschmack bei Fruchtgummis
(«Zitrone ist zu unterschätzt!»).

Eines Tages, beim gemeinsamen Mittagessen,
fragte ich vorsichtig:

«Alles okay bei dir? Du bist irgendwie… ruhiger.»

Umberto grinste.

«Ich hab was gefunden.»

Ich hob eine Braue.

«Was genau? Die Erleuchtung?»

«Besser! Töpfern.»

Ich verschluckte mich fast an meiner Suppe.

«Wie bitte?!»

«Töpfern! Hab ich mal bei einem VHS-Kurs aus-
probiert, nur aus Neugier. Seitdem bin ich süchtig.
Drei Abende die Woche. Ton, Drehscheibe, Glasuren.
Es ist magisch! Und weisst du, was das Beste ist? Man
kann dabei nicht essen. Die Hände sind immer voller
Schlamm.»

Ich starrte ihn an.

«Du hast das Essen gegen Ton eingetauscht?»

«Genau! Statt Kekse kneten – Tassen drehen!»

Er lachte, und ich merkte, wie gut es ihm tat. Sein
Gesicht war schmaler geworden. Sein Bauch auch.
Und seine Augen funkelten – nicht wegen Zucker,
sondern wegen echter Begeisterung.

«Und am Anfang war's hart. Ich hatte oft dieses Gefühl: 'Jetzt was essen!' Einfach, weil's leer war in mir. Aber jetzt… bin ich voll. Nicht vom Essen, sondern vom Tun.»

Ein paar Monate später stand in der Teeküche eine grosse, handgemachte Müeslischale – mit einem kleinen Zettel daneben:

«Handgetöpfert von Umberto – aber bitte leer lassen. Essen macht man nicht mehr aus Langeweile.»

Ich musste lachen.

Anekdote zum Schluss: Neulich sagte Umberto in einem Meeting: «Wenn ich früher nervös war, hab ich einen Schokoriegel gegessen. Heute töpfere ich Espresso-Tassen. Ich hab schon 27. Wer also demnächst viel Kaffee trinken will – sagt Bescheid.»

Ich dachte mir: Manche stopfen sich voll, um sich nicht leer zu fühlen. Umberto hat gelernt: Wer etwas mit den Händen macht, füllt auch das Herz.

All you can eat – oder lieber nicht?

Es begann, wie es immer beginnt: mit einem harmlosen Klick auf «Jetzt buchen».

Eine Woche Sonne, Meer, Liegestuhl – und das Beste: All inclusive!

«Endlich mal nicht nachdenken!», sagte sich mein Kollege Torben, der sonst im Büro Excel-Tabellen füttert wie andere ihre Haustiere.

Ich traf ihn am Flughafen. Schon am Gate roch er nach Urlaub – kurzerhand hatte er sich in eine tropenbunte Bermuda-Shorts gequetscht, mit einem Flamingo-Hut obendrauf. Ich hatte nur Handgepäck, er einen Koffer so gross wie ein Hotelbuffet. Und mindestens genauso voll.

«Ich hab gelesen, man kann dort den ganzen Tag essen!», sagte er mit einer Begeisterung, als hätte er den heiligen Gral gefunden. «Frühstücksbuffet, dann Snackbuffet, dann Mittagsbuffet, dann Kaffee und Kuchen, dann Themenabend mit Grillieren und dann – halte dich fest – Mitternachtssnack!»

«Wirst du dazwischen auch mal ins Meer springen?», fragte ich trocken.

«Klar. Um mich abzukühlen. Vom Essen.»

Am ersten Abend im Resort entdeckte Torben das Buffet wie ein Sechsjähriger einen Süssigkeitenladen. Drei Teller voll beim Vorspeisenteil. Zwei bei den Hauptgerichten. Und das Dessert… ich glaube, er schichtete sieben verschiedene Torten übereinander, als wolle er einen kulinarischen Jenga-Turm bauen.

«Man muss ja alles probieren, sonst lohnt sich's ja nicht!», sagte er mit einem zufriedenen Stöhnen.

Ich beobachtete fasziniert, wie sein Urlaub einem gastronomischen Triathlon glich. Am zweiten Tag kannte er nicht nur die Öffnungszeiten der Restaurants, sondern auch die besten Plätze in der Nähe der warmen Platten.

Zwischendurch fragte ich ihn mal, ob er mit zum Strandspaziergang kommen wolle.

«Nachher vielleicht. Erst will ich die mexikanische Ecke testen – gestern hab ich sie verpasst, weil ich bei der italienischen geblieben bin.»

Am dritten Tag wurde sein Gang langsamer. Er bewegte sich, als trüge er einen unsichtbaren Truthahn mit sich herum.

«Ich hab das Gefühl, ich wandle nur noch zwischen Bett und Buffet», murmelte er.

«Hast du mal den Fitnessraum angeschaut?», fragte ich.

Er nickte. «Ja. Liegt direkt neben der Crêpe-Station. Schlechte Planung. Der Duft ist ein Hinterhalt!»

Am fünften Tag sprach er nur noch in Food-Metaphern. «Ich fühl mich wie ein überfüllter Auflauf.»

Ich versuchte, ihn zu motivieren: «Vielleicht morgen mal einen Tag ohne Buffet?»

Er schüttelte den Kopf. «Geht nicht. Morgen ist Tapas-Abend. Und übermorgen Barbecue. Und am letzten Tag ist Lobster-Night.»

Am Abreisetag traf ich Torben mit leerem Blick beim Frühstück. Vor ihm: ein Teller mit einem einzelnen Croissant.

«Ich kann nicht mehr. Mein Körper rebelliert. Ich hatte heute Nacht einen Traum, dass das Omelette mich gejagt hat.»

156

Ich musste lachen. «Na, dann wird's ja zu Hause wieder entspannter.»

Er seufzte. «Vielleicht… aber ich hab gehört, das Hotel nebenan hat auch All Inclusive. Ich überlege zu verlängern.»

Anekdote zum Schluss: Zwei Wochen später sah ich Torben im Büro. Er stand mit nachdenklichem Blick vor dem Getränkeautomaten – entschlossen, einen Apfeltee zu ziehen.

«Weisst du», sagte er, «ich hab im Urlaub alles gegessen, was ging. Und dann noch mehr. Aber weisst du, woran ich mich am meisten erinnere?»

Ich hob die Augenbraue.

«An den Moment, wo ich nach sieben Tagen das erste Mal wieder echten Hunger gespürt habe. Das war magisch. Fast so gut wie die Lasagne am Themenabend.»

Ich grinste. «Manchmal ist weniger einfach mehr – vor allem, wenn man's wieder geniessen will.»

Hühnchen oder Pasta?

Fliegen ist für viele der Beginn eines Abenteuers. Für meinen Kollegen Bernd ist es vor allem eines: der Startschuss für einen kulinarischen Kurzurlaub über den Wolken.

«Ich liebe Flugzeugessen!», sagte er einmal mit leuchtenden Augen.

Ich sah ihn damals irritiert an.

«Das ist das erste Mal, dass ich das jemand sagen höre. Hast du auch einen Hang zu Krankenhauskost?»

Doch Bernd war überzeugt: «Man sitzt da, wird bedient, alles ist kompakt, ordentlich verpackt, es gibt einen Brötchenrollentauschhandel mit dem Sitznachbarn – das hat doch was!»

Ich hatte die Ehre, neben ihm zu sitzen auf einem Flug nach Dubai. Sechs Stunden. Genug Zeit für mindestens zwei Mahlzeiten und drei Snacks, wie Bernd vorher aus dem Bordprogramm recherchiert hatte.

«Das Frühstück ist meistens mittel. Aber das warme Abendessen – oh, da wird's spannend!», erklärte er mir mit der Expertise eines Sternekochs, der Kantinenbewertungen schreibt.

Nach dem Start begann Bernd sein Ritual: Er faltete sorgfältig seine Serviette (Papier, klar), klappte das Tischchen aus, richtete sein Mineralwasser in Trapezformation und betrachtete die vorbeifahrenden Trolleys wie ein Westernheld den herannahenden Zug. «Hühnchen oder Pasta?», fragte die Flugbegleiterin.

Bernd grinste. «Hühnchen bitte. Mit dem Salat, wenn's geht. Nicht der Couscous! Der bläht.»

Ich bekam Pasta. Oder besser: ein warmes, sahniges Etwas mit Spaghetti-ähnlichem Inhalt.

Bernd öffnete seine Plastikfolie mit der Würde eines Butlers beim Silbertablett. Dann wurde getestet, kommentiert, verglichen: «Letztes Jahr auf dem Flug nach Toronto – besser gewürzt. Aber das Brötchen hier: sehr solide. Wenn man's gegen die Wand wirft, geht eher die Wand kaputt.»

Nach dem Hauptgang folgte der Nachtisch. Irgendein klebriges, fruchtähnliches Gelee im Becher.

«Ich esse ja auch das, was andere nicht wollen», sagte Bernd grosszügig und schielte auf meinen Dessertbecher.

Ich liess ihn gewähren. Ehrlich gesagt – der Anblick allein war schon sättigend.

Zwischendurch fragte ich ihn: «Bernd, isst du wirklich, weil du Hunger hast – oder weil es einfach da ist?»

Er zuckte mit den Schultern. «Wenn ich schon 12 Kilo CO_2 verursache, dann doch bitte auch mit vollem Bauch! Ausserdem – ich hab bezahlt, also esse ich. Alles.»

Drei Stunden später kam der Snack. Ein paniniähnliches Brötchen mit Käse und Schinken – lauwarm, aber mit bemerkenswertem Verpackungsknistereffekt. Bernd war in seinem Element.

«Guck mal, man kann damit auch die Finger wärmen. Essen und Funktion!»

Ich beobachtete ihn. Seine Augen glänzten. Der Bauch spannte. Der Gürtel war geöffnet. Und ich fragte mich: Würde er auch noch die Notfallbiskuits essen, wenn man sie ihm reichte?

Anekdote zum Schluss: Nach der Landung wuchtete Bernd seinen Rollkoffer aus dem Fach. Er sah mich zufrieden an.

«Ich hab wirklich alles geschafft – sogar das Crackerpäckchen mit dem veganen Aufstrich. War gar nicht so schlimm.»

Ich nickte. «Gratuliere. Und wie geht's jetzt weiter? Detox-Woche?»

Er lachte. «Quatsch. Jetzt kommt erst mal das Hotelbuffet.»

Ich dachte bei mir: Manche fliegen, um neue Orte zu entdecken. Andere, um neue Menüs zu testen. Bernd? Der macht beides – und isst dabei sogar das Plastikbesteck fast mit.

Smalltalk, Sekt & Satanshäppchen

Man geht ja nicht zu einem Networking-Apéro, um zu essen. Sagt man.

Aber seien wir ehrlich: Wenn einem im Minutentakt winzige Tellerchen, Spiesschen, Canapés und Gläser in die Hand gedrückt werden, wird man irgendwann schwach – vor allem, wenn man vorher «nichts gegessen hat, um Platz zu lassen».

Ich war mit meinem Kollegen Sven auf einem Branchen-Event eingeladen. Er ist Berater, also jemand, der sein Gewicht nicht nur in Know-how misst, sondern leider auch zunehmend in Kilogramm.

«Ich komme heute wirklich nur wegen der Kontakte», verkündete er beim Eingang, während er schon prüfend den ersten Sektkelch annahm. «Heute wird strategisch genetzwerkt.»

Drei Schritte später kam das erste Tablett mit Crostini. «Oh! Mit Ziegenkäse! Na gut, man kann ja schlecht ablehnen, das ist unhöflich.»

Kurze Zeit später stand er in einem Grüppchen von Leuten aus der IT-Branche, mit einem Mini-Burger in der einen und einem Rindstatarhäppchen in der anderen Hand.

«Ich esse ja sonst abends nichts mehr», murmelte er mir später zu, «aber hier ist es ja eher… geselliges Beissen. Kulinarischer Smalltalk!»

Ich beobachtete ihn im Laufe des Abends wie ein Wissenschaftler eine seltene Tierart. Sobald er einen neuen Gesprächspartner fand, tauchte auch ein neues Tablett auf. Frühlingsrollen, Miniquiches, Lachs auf

Gurkenscheibe, Datteln im Speckmantel, sogar winzige Gläser mit asiatischem Nudelsalat.

Und mit jedem Bissen kam ein Spruch: «Boah, das ist ja nur so klein wie ein Daumennagel.»

«Das zählt ja gar nicht als Mahlzeit.»

«Man redet ja die ganze Zeit, da verbrennt man's ja gleich wieder.»

Ich antwortete nicht. Ich kaute auf einem Selleriestick herum, der einsam in einem Joghurt-Dip steckte. Nicht mein Abendessen – eher meine Beschäftigungstherapie.

«Weisst du, was das Problem ist?», flüsterte Sven mir irgendwann zu, als er sich eine zweite Crèmebrûlée im Espressotässchen gönnte. «Du bekommst nie genug, um satt zu sein, aber immer gerade so viel, dass du nie aufhören kannst. Das ist wie Dating auf Tinder. Immer ein Häppchen, nie ein richtiges Gericht.»

Gegen 21:30 Uhr, als das sechste Tablett mit Lachswürfeln vorbeizog, war Svens Bauch sichtbar gespannt. «Ich glaub, ich muss bald los. Ich spür meine Krawatte nicht mehr.»

Am Ausgang griff er noch nach einem Macaron vom Abschiedstisch. «Nur damit der Mund wieder frisch ist.»

Ich schüttelte den Kopf und fragte ihn: «Hast du heute jemanden aus der Branche kennengelernt, der wirklich interessant war?»

Er überlegte. «Hm. Weiss nicht. Aber der Typ mit dem Roastbeef-Spiess wusste, wo der Kellner mit den Garnelen langgeht.»

162

Anekdote zum Schluss: Am nächsten Tag stand Sven mit Tupperdose im Büro.

«Was hast du da?», fragte ich.

Er grinste: «Salat. Richtig, ohne Deko. Ich mache eine kleine Apéro-Detox-Woche. Und: Ich hab gestern fast 2000 Kalorien gegessen, ohne es zu merken. Das ist ja fast wie Essen in der Steuererklärung: unsichtbar, aber trotzdem wirksam!»

Ich musste lachen. Wer glaubt, bei Apéros gehe es um Visitenkarten, hat noch nie einen mit Fingerfood durchgefochten. Networking? Ja. Mit Biss.

Schnell gemacht – lange getragen

Markus war ein vielbeschäftigter Mensch. Und das nicht nur, weil er beruflich oft «in Calls» war – nein, auch privat. Zwischen Fitness-Abo, Netflix-Abenden und dem chronischen Versuch, seine Wohnung endlich mal zu entrümpeln, blieb schlicht keine Zeit zum Kochen. «Ich lebe effizient», sagte er gern.

Ich übersetzte das für mich: Er lebt aus der Mikrowelle. Markus war der König der Convenience-Food-Abteilung. Er kannte jede Marke, jede Aktionswoche im Supermarkt, jedes neue Design von Aufwärmgerichten.

«Siehst du das hier?» – er hielt mir einmal eine Packung vor die Nase – «Nur 6 Minuten in der Pfanne, 25% Gemüse, keine Konservierungsstoffe und… vegan! Das ist doch fast wie frisch gekocht.»

Ich sagte nichts. Ich las nur das Kleingedruckte: 720 Kilokalorien, 30 Gramm Zucker, 19 Zusatzstoffe, 2 unlesbare Bindemittel. Und das war nur das Abendessen. Das Frühstück bestand meist aus Frühstücksriegeln («Haben Hafer, also gesund!»), das Mittagessen aus irgendeinem Wrap, der «leicht» hiess, aber schwer im Magen lag.

Markus war nicht dick – aber… weicher geworden. Vor allem an Stellen, wo früher Muskeln waren.

«Ich weiss auch nicht, woher das kommt», murmelte er neulich, als er versuchte, sich in eine Jeans zu zwängen, die vor zwei Monaten noch bequem sass. «Ich esse doch gar nicht viel.»

Stimmt. Viel war es nicht. Aber oft. Und vor allem: verarbeitet.

Einmal ging ich mit ihm einkaufen. Er zeigte mir stolz sein «gesundes Menü für die Woche».

Da waren Bowls, Suppen, Protein-Snacks, vegane Mini-Pizzas und Smoothies in grellen Flaschen.

«Alles clean food», sagte er.

Ich grinste. «Clean vielleicht. Aber verarbeitet wie ein Hollywood-Star vorm roten Teppich.»

Wir setzten uns später zum Mittagessen auf eine Bank. Ich hatte mir einen kleinen Couscous-Salat selbst gemacht. Markus hatte ein Curry aus der Plastikschale.

«Also ehrlich», sagte er, während er die Folie abpellte, «deins sieht aus wie Arbeit. Meins wie Freizeit.»

Ich beobachtete, wie er ass. Schnell. Routiniert. Wie jemand, der den Geschmack nicht mehr wirklich registriert, weil er ihn von 100 anderen Varianten kennt.

«Was ist eigentlich mit dem Kochen?», fragte ich.

Er winkte ab. «Kochen ist was für Leute mit zu viel Freizeit. Ich nutze die Zeit lieber sinnvoll.»

Zehn Minuten später war sein Curry leer.

«Und, satt?», fragte ich.

«Geht so», sagte er und kramte eine Packung Studentenfutter aus der Tasche.

«Aber das hier ist mein gesunder Snack. Ungezuckert.» Ich las hinten drauf: «Mit Honig geröstet.»

Anekdote zum Schluss: Drei Wochen später traf ich Markus wieder. Er hatte eine Tüte Salat und ein Bio-Dressing in der Hand.

«Kochen?», fragte ich.

Er grinste verlegen.

«Naja… irgendwie hab ich gemerkt, dass ‘schnell’ nicht gleich ‘besser’ ist. Ich hab mich die ganze Zeit gesund gefühlt – aber mein Körper hat mir was anderes gesagt.»

Er zuckte mit den Schultern. «Ich fang klein an. Salat, ein bisschen selber schnippeln. Ist zwar nicht so bequem – aber mein Gürtel freut sich.»

Ich nickte. Manchmal dauert’s länger, bis man merkt, dass «Convenience» nicht immer bequem ist – zumindest nicht für die Taille.

Mit leerem Magen steigt man nicht auf!

Wenn wir eine Wanderung planen, fragen wir uns nicht mehr, wie viele Höhenmeter es sind oder ob das Wetter hält. Nein. Die wichtigste Frage lautet:

Kommt Bruno mit?

Denn wenn Bruno mitkommt, dann wird die Tour – sagen wir's so – weniger sportlich, dafür kulinarisch überaus ambitioniert.

Bruno liebt das Wandern. Aber er liebt das Essen noch ein kleines bisschen mehr. Das sieht man ihm auch an: Sein Bauch geht der Gruppe meistens voraus. «Meine Windbremse», scherzt er selbst. Doch was Bruno wirklich legendär macht, ist sein Rucksack.

Es ist kein normaler Rucksack. Es ist ein Wunderwerk. Ein Tetris-Meisterstück. Ein tragbares Restaurant.

Wir standen am Parkplatz, bereit zum Aufbruch – leichte Kleidung, Wasserflaschen, Sonnencreme. Bruno wuchtete seinen Rucksack aus dem Kofferraum. Das Ding war so gross wie ein Kleinwagen.

«Was hast du da alles drin?», fragte ich.

«Ach, nur das Nötigste», meinte er mit einem Augenzwinkern und einem Keuchen, als er sich das Monstrum auf den Rücken schnallte.

Nach den ersten 20 Minuten – noch im Schatten des Waldes – verlangte Bruno bereits eine Pause.

«Ich brauch Energie. Der Körper muss wissen, dass er versorgt ist.»

Er griff in eine Seitentasche und zog ein Laugenbrötchen mit Leberkäse hervor.

«Warm eingepackt, schmeckt besser.»

Und dazu? Ein kleines Fläschchen Senf. In Mini-Tupperdose. Natürlich.

Wir zogen weiter.

Nach weiteren 30 Minuten hielt Bruno erneut an.

«Jetzt wär's eigentlich Zeit fürs Znüni.»

Er packte aus: Ein Fruchtjoghurt (gekühlt!), eine Banane in einer eigenen, schützenden Hartplastikschale, ein Müesliriegel – selbstgemacht mit Honig, Nüssen und einem Hauch Zimt, und – ich schwöre es – ein Espressokocher mit Gaskartusche. «Wald-Café Bruno», grinste er.

Während wir uns auf Baumstämme setzten, bereitete Bruno fein säuberlich seinen Outdoor-Espresso zu. Dazu reichte er – kein Witz – ein kleines Stück dunkle Schokolade mit Meersalz.

«Passt gut zur Höhe», sagte er.

Wir waren gerade mal auf 720 Metern.

Am Mittag wollten wir auf der Almhütte essen.

Nicht mit Bruno. «Ich hab eh was dabei.» Er breitete ein kleines Wachstischtuch auf einem Felsblock aus. Dann ging's los: Zwei belegte Brote mit Roastbeef, Rucola und selbstgemachter Remoulade, ein Pastasalat mit Mozzarella, Cherrytomaten und Balsamicodressing (in extra Dose!), ein halber Apfelstrudel – lauwarm, in Alufolie eingepackt.

Und als Krönung: Ein kleines Gläschen Prosecco. «Zum Gipfelglück!», prostete er uns zu.

Wir mussten den Gipfel erst noch erklimmen. Auf dem Weg dorthin – wir keuchten, Bruno kaute – wollte er nochmal rasten.

«Ich hab da noch so kleine Knabbereien…»

168

Er zauberte eine Dose mit Salzmandeln hervor. Und Käsewürfel. Und eine winzige Gabel mit ausziehbarem Griff. «Ich bin doch kein Barbar.»

Beim Abstieg dann – als wir alle erschöpft waren – meinte Bruno plötzlich: «Jetzt ein Glacé wär fein.»

Und ungelogen: Er holte ein kleines Kühlfach aus dem Rucksack. Darin? Zwei Mini-Cornets. «Für mich und… einen Glücklichen.» Wir bestimmten den Gewinner per Stein-Schere-Papier.

Anekdote zum Schluss: Am Abend, beim Auto, wir alle fertig – Bruno noch erstaunlich fit – sagte er seufzend: «Weisst du, Wandern ist wie ein gutes Essen: Man muss's sich einteilen.»

Dann griff er nochmal in den Rucksack. «Ich hab noch was für die Heimfahrt.» Ein Sandwich. Mit Ei. Und ein Minztee.

Fazit: Mit Bruno wandert man nicht. Mit Bruno speist man – mit wechselnder Aussicht. Und ehrlich? Ich würde es nicht anders wollen.

Wie der Hund, so das Herrchen

Es gibt diesen Moment, wenn man im Park sitzt, seinen Kaffee trinkt und die Leute beobachtet – und plötzlich denkt:

«Der Hund sieht aus wie sein Besitzer!»

Oder umgekehrt.

Mir fällt das ständig auf. Besonders bei einem ganz bestimmten Duo in meinem Quartier:

René und sein Mops Hugo.

René ist ein netter Kerl. Mitte fünfzig, ein bisschen gemütlich unterwegs, trägt immer eine Daunenweste – bei jedem Wetter – und hat diesen federnden Gang, den man sonst nur bei Menschen sieht, die glauben, Sport zu machen, wenn sie zur Bäckerei gehen.

Hugo ist… genau wie René.

Gleiche Statur, gleiche Ruhe, gleiche leicht schnaufende Atemtechnik beim Spazierengehen.

Wenn René sich bückt, seufzt Hugo.

Wenn Hugo stehenbleibt, schaut René in den Himmel. Sie sind wie ein altes Ehepaar – nur mit Fell.

Die beiden gehören zur kleinen Gassi-Gemeinschaft in unserem Park. Morgens um acht trifft sich da eine ganze Truppe: Bulldoggen, Retriever, ein Chihuahua mit Komplexen – und die Besitzer dazu.

Ich schwöre, es ist wie ein Zirkus der Spiegelbilder. Da ist zum Beispiel Moni mit ihrem afghanischen Windhund. Moni ist eine dünne, nervöse Frau mit wehenden Schals, die immer so wirkt, als würde sie gleich vom Wind weggetragen. Ihr Hund?

170

Lang, dünn, nervös – und trägt ebenfalls ein Halstuch. Manchmal denke ich, die beiden tauschen morgens versehentlich Accessoires.

Oder Herr Blatter mit seiner Bulldogge. Er ist breit gebaut, hat eine Glatze und läuft mit wippenden Schultern. Die Bulldogge trottet neben ihm, sabbert synchron mit ihm beim Gähnen und schaut jeden an, als hätte sie gerade einen Strafzettel verteilt.

Es ist, als würden sich Mensch und Tier über Jahre hinweg annähern. Nicht nur im Verhalten – auch beim Gewicht.

René jedenfalls ist ein klassisches Beispiel. Er erzählt oft, dass er «wegen Hugo» so viel unterwegs sei. «Zwei Stunden am Tag – das läppert sich.»

Was er nicht erwähnt: Dass er bei jeder Runde am Parkkiosk stehenbleibt und sich einen Buttergipfel holt. Für sich.

Und ein Mini-Leckerli für Hugo. «Sonst schaut er so enttäuscht.» Ich bin sicher, Hugo hat nicht mal danach gefragt. Aber gut – wie der Hund, so das Herrchen: höflich, ruhig und… leicht rundlich.

Neulich kam eine neue Dame dazu: Claudia mit ihrem Labrador-Mix. Sie ist sportlich, energisch, läuft mit Stöcken – auch wenn kein Schnee liegt. Ihr Hund?

Dynamisch. Schlank. Hochkonzentriert.

Und als sie vorbeijoggt, ruft sie: «Los, weiter! Keine Pausen!»

Ich sehe, wie René und Hugo gleichzeitig stehen bleiben, sich umdrehen und fast synchron gähnen.

Anekdote zum Schluss: Vor ein paar Tagen sass ich auf der Parkbank, als René sich zu mir setzte. Hugo liess sich daneben plumpsen.

«Weisst du», sagte René, «ich glaube, wir sind beide in Topform. Ich spür richtig, wie wir fitter werden.»

Ich nickte. Dann schielte ich zu Hugo. Der lag auf dem Rücken, liess sich die Sonne auf den Bauch scheinen – der mindestens vier Zentimeter über dem Rasen schwebte.

René biss in sein Gipfeli. Hugo bekam ein Stückchen ab. Sie lächelten beide.

Und ich dachte nur: «Manche Menschen leben ihren Lebensstil eben konsequent – sogar mit dem Hund.»

Kalorien sind mein Karma

Wenn es jemanden gibt, der das Kalorienzählen zur Lebensphilosophie erhoben hat, dann ist es Bernd.

Bernd ist kein gewöhnlicher Esser. Nein, Bernd ist ein rechnender Esser. Er isst nicht einfach – er kalkuliert, wägt ab, dokumentiert und gleicht aus. Man könnte sagen, er führt ein Ernährungs-Excel im Kopf. Und wahrscheinlich auch auf dem Smartphone. Und vielleicht zusätzlich noch analog. Man weiss es nicht.

Ich kenne Bernd seit Jahren – ein Kollege aus dem erweiterten Bekanntenkreis, mit dem ich gelegentlich Mittag esse. Oder besser gesagt: daneben sitze, während er isst.

Bernd ist nicht dick. Aber auch nicht besonders schlank. Eher der Typ: immer auf dem Sprung zur Idealfigur, aber irgendwie im Kreis rennend.

Neulich im Bistro, es gab Lasagne mit Salat. Ich bestellte. Bernd nicht.

«Ich muss erst schauen», murmelte er, während er seine Kalorien-App öffnete. Er suchte. Scrollte. Tappte. Rechnete. Runzelte die Stirn.

«Lasagne hat 670 Kalorien – plus Dressing, sagen wir 120. Zusammen 790. Mit dem Apfel von vorhin bin ich dann bei… Mist, 1.010. Ich darf heute nur 1.200. Dann bleiben mir noch 190 fürs Abendessen.»

Ich: «Du kannst ja abends einfach was Leichtes essen.»

Bernd (leicht panisch): «Was Leichtes? 190 Kalorien ist ein Glas Milch und ein Keks. Ich will doch keine Suppendiät!»

Er bestellte schliesslich ein Mineralwasser und einen kleinen Beilagensalat ohne Dressing.

Ich fühlte mich schuldig, in meiner dampfenden Lasagne herumzustochern, während Bernd versuchte, einem trockenen Stück Eisbergsalat mit einer Gabel irgendwie Leben einzuhauchen.

«Ich gönne mir morgen was», sagte er.

Ich fragte: «Und? Bringt's was?»

Er nickte. Zögerlich. «Naja… also ich schwanke so um die zwei Kilo. Rauf, runter, rauf, runter. Aber immerhin weiss ich jetzt immer, was ich esse.»

Er lächelte dabei. Ein wenig angestrengt.

Ein paar Tage später – wir gingen mit Kollegen Mittag essen – versuchte Bernd es mit einem «Cheat Day light».

Er bestellte ein paniertes Schnitzel. Alle waren überrascht.

Bernd grinste: «Ich hab mir heute 600 Kalorien freigeschaufelt. Kein Frühstück, nur schwarzer Kaffee. Jetzt gibt's Belohnung!»

Doch kaum war das Schnitzel da, zückte er sein Handy. «Mal schauen… okay, Schnitzel hat 480 Kalorien. Pommes 300. Zusammen 780. Ich dachte, es wären weniger…»

Er schob die Pommes beiseite. Ass drei. Zählte mit. Dann nahm er das Schnitzel auseinander, kratzte die Panade ab. «Panade ist die Hölle», murmelte er.

Am Ende ass er ein Stück trockenes Fleisch mit Senf – denn Ketchup hätte 20 Kalorien mehr gehabt.

Sein Gesicht sah nicht nach Belohnung aus. Eher wie jemand, der einen Strafzettel erhalten hat, obwohl er im Halteverbot Gemüse verkauft hat.

Anekdote zum Schluss: Letztens traf ich Bernd beim Joggen. Er schwitzte, aber nicht wie jemand, der sich befreit fühlt, sondern wie jemand, der exakt berechnet hat, wie viele Kalorien dieser Lauf bringen muss.

«Ich hab mir gestern ein Croissant gegönnt», japste er. «Und heute jogge ich exakt 47 Minuten, um's wieder rauszukriegen.»

Ich fragte: «War's gut, das Croissant?»

Er dachte kurz nach. «Es war… warm. Aber ich konnte es nicht geniessen. Ich dachte nur an die 315 Kalorien.»

Ich schwieg.

Bernd lief weiter – getrieben von Zahlen, nicht vom Genuss.

Und ich dachte: Manchmal ist das grösste Gewicht, das man verliert, die Leichtigkeit.

Die Kalorienparty

Wenn jemand zum Abendessen einlädt und dazu schreibt: «Ich habe für jeden die exakt passende Kalorienmenge berechnet!»

…dann weiss man: Das kann nur Thomas sein. Thomas ist ein Zahlenmensch. Er ist Controller, liebt Excel, trägt seinen Fitnesstracker auch beim Duschen und hat schon mal einen Apfel gewogen, weil «die Kalorienangabe auf Google nur Durchschnittswerte» seien.

Als er uns – acht Leute – zum Abendessen einlud, freuten wir uns. Thomas kocht nämlich ausgezeichnet. Seine Linsencurrys sind legendär, sein Zitronenhähnchen fast schon therapeutisch.

Nur dieses Mal klang die Einladung… anders. «Ich habe für jede:n ein individuell kalibriertes Menü zusammengestellt – auf Basis von Alter, Geschlecht, Grundumsatz, Tagesbewegung und Zielgewicht.»

Aha. Ich wusste nicht, ob ich mich freuen oder fürchten sollte.

Am Abend der Einladung wurden wir im Wohnzimmer mit kleinen Namensschildchen an den Plätzen begrüsst. Darauf stand nicht nur unser Name, sondern auch: «Ziel: 1.850 kcal. Heute verfügbar: 640 kcal.»

Daneben: ein QR-Code zur Tagesauswertung. «Ich hab gesehen, dass du mittags Pasta hattest, Martin», sagte Thomas strahlend. «Hab ich auf Insta gesehen. Daher heute nur noch 640 übrig!»

Er freute sich wie ein Kind an Weihnachten.

Ich lachte nervös. «Und wenn ich einfach esse, was ich will?»

«Dann versaust du deine Wochenbilanz.»

Ach so.

Dann ging es los. Vorspeise: Für die sportliche Jasmin (heute 12.000 Schritte) gab es Avocadomousse auf Vollkorntoast.

Für Stefan (Bürotag) – ein halbes Radieschen auf Salatblatt.

Jasmin grinste. Stefan weinte innerlich.

Hauptgang: Rosa gebratenes Rind mit gebackenem Kürbis – bei Anna, die heute Yoga gemacht hatte.

Bei Rolf, der mit dem Auto zur Arbeit fuhr, nur gekochter Blumenkohl mit zwei winzigen Kartoffeln.

Dessert: Für Marie (BMI 19,5) ein Schokoladenküchlein mit flüssigem Kern. Für mich – ein Beerenmix. Ohne Sahne. Für Stefan – nichts.

«Du bist drüber», sagte Thomas freundlich. «Aber du darfst zuschauen.»

Es war… absurd. Jeder schaute misstrauisch auf seinen Teller, als wäre ein Kaloriendetektiv im Raum.

Niemand wagte nachzuschöpfen. Und die Gespräche drehten sich ausschliesslich um Fragen wie: «Hat Kürbis wirklich nur 26 kcal pro 100g?», «Zählt Zitronensaft als Zutat oder Getränk?», oder «Und wie viele Kalorien hat Lachen eigentlich?» (Spoiler: zu wenig, um zu kompensieren.)

Anekdote zum Schluss: Später am Abend – Thomas verabschiedete uns mit personalisierten Tagesbilanzen und dem Satz: «Ihr habt jetzt genau das bekommen, was euer Körper braucht.»

Als ich mich auf den Heimweg machte, hörte ich hinter mir leises Rascheln. Ich drehte mich um – Stefan stand vor dem Kiosk. Mit einer Bratwurst in der einen, einem Schokoriegel in der anderen Hand. «Ich brauch was für die Seele», sagte er.

Ich nickte. «Hat das Thomas eingeplant?»

«Nur in meinem Herzen.»

Und ich dachte: Die beste Kalorienbilanz bringt nichts, wenn niemand satt – oder glücklich – wird.

Das Geheimnis der schlanken Nationen

Wenn man sich mit Ernährung beschäftigt, stolpert man früher oder später über diesen Satz: «In Thailand sind die Leute alle schlank. Weil sie so gesund essen.»

Oder: «Die Japaner leben am längsten – wegen dem Fisch.» Oder auch: «Die Franzosen essen Butter, trinken Wein – und sind trotzdem schlank. Das ist das Paradoxon!»

Und dann ist da Sibylle. Eine Freundin von mir. Immer neugierig, immer auf der Suche nach dem ultimativen Ernährungskonzept. Und vor allem: begeisterte Fernsehköchin-im-Kopf.

Sie hatte sich in den Kopf gesetzt, dass die Rettung ihrer Figur irgendwo zwischen einem vietnamesischen Frühlingsrollenpapier und einer Portion Miso-Suppe liegt.

Eines Tages lud sie uns zum «kulinarischen Weltreise-Abend» ein. «Ich mache euch die Küche der schlanken Völker. Mal schauen, was wir lernen!» Wir waren gespannt. Es roch nach Zitronengras, Fischsauce und viel Ehrgeiz.

Vorspeise: Thailändischer Papayasalat. Scharf. Frisch. Und laut Sibylle: «Die Thais essen dreimal täglich scharf – das kurbelt den Stoffwechsel an!» Ich biss hinein. Es brannte. Auf der Zunge, in der Nase, in meiner Seele. «Fettverbrennung durch Schmerz», sagte mein Sitznachbar und trank still Wasser.

Hauptgang: Japanische Ramen. «Japaner essen wenig Fett und viel Gemüse!», dozierte Sibylle. Allerdings hatte sie die Brühe mit Sojasauce, Misopaste,

Sesamöl und vier gekochten Eiern pro Kopf angereichert – wegen dem «Authentischen Geschmack».

Die Ramen waren köstlich – aber hatten wahrscheinlich 1.000 Kalorien pro Löffel. «Ramen machen nicht dick, es kommt auf die Balance an!», sagte sie. Ich dachte: Vielleicht ist die Balance auch, nicht fünf Schöpfkellen zu nehmen.

Dessert: Mango Sticky Rice – mit extra Kokosmilch. «Die Vietnamesen essen viel Süsses, aber wenig Zucker.»

Das Dessert war… süss. Sehr süss. Wahrscheinlich aus Solidarität mit der französischen Crème brûlée.

Nach dem Essen sassen wir da – gesättigt, verschwitzt vom Chili und leicht geblendet vom Glanz der internationalen Gesundheit.

Sibylle strahlte: «Seht ihr? Gesund und lecker! Kein Wunder, dass in Asien niemand übergewichtig ist!»

In dem Moment meldete sich Jörg, ein Kollege, der beruflich viel unterwegs ist: «Also… ich war mal zwei Wochen in Tokio. Im Hotel war das Frühstück ein Büfett mit frittierten Fischbällchen, Reisbällchen, Sojasosse, gebratenem Tofu und Matcha-Käsekuchen.»

Sibylle runzelte die Stirn.

«Das war sicher ein Touristenbüfett.»

«Es war ein Businesshotel.»

«Hm.»

Und dann fügte er hinzu:

«Ausserdem: In Japan wird sehr wohl zugenommen – nur sind die Portionen kleiner. Und die Leute gehen viel zu Fuss. Und sie naschen weniger zwischendurch.»

Anekdote zum Schluss: Am nächsten Tag schickte mir Sibylle ein Bild von einem Take-away-Karton.

Drinnen: Sushi, Mango Sticky Rice, gebratene Nudeln.

Darunter schrieb sie: «Ich wollte gestern nur Miso kaufen – hab alles mitgenommen. Essen ist halt doch nicht nur Logik, oder?»

Ich antwortete: «Nein. Essen ist auch Emotion. Und Geografie hilft nicht beim Abnehmen, wenn der Lieferservice globalisiert ist.»

Und ich dachte: Nicht die Nation macht den Bauch – sondern die Summe der Gabeln.

Gipfeli to go

Es gibt Menschen, die essen am liebsten in Ruhe, an einem schön gedeckten Tisch. Und dann gibt es Tanja. Tanja ist der wandelnde Gegenentwurf zur Tischkultur. Sie isst überall. Immer. Und grundsätzlich im Gehen.

Wenn man sie morgens trifft, sieht man sie meistens in einer Hand mit einem Coffee-to-go-Becher, in der anderen ein Gipfeli – oder zwei. Und in der Jackentasche klappern Müesliriegel, falls es auf der Strecke noch zu einem Energieabfall kommt.

Ich traf sie neulich an der Tramhaltestelle.

«Morgen!», sagte sie mit vollem Mund.

«Morgen! Früher Vogel?»

Sie kaute. «Jap. Heute 7:05 Tram. Hab noch nix gegessen, ausser…» – sie hob das zerquetschte Vanillegipfeli hoch – «…Frühstück halt.»

Das Tram kam. Wir stiegen ein.

Ich setzte mich.

Sie blieb stehen. Das gibt mehr Schrittzahlen.

Kaum losgefahren, zauberte sie aus ihrer Tasche eine Banane. «Der Magen braucht jetzt was Gesundes», sagte sie.

Ein paar Minuten später kam noch ein Quetschbeutel mit Apfelmus dazu. «Für die Verdauung.»

Neben ihr sass ein Mann, der sie leicht angewidert ansah. Tanja lächelte. «Keine Sorge, ist alles bio.»

Wir unterhielten uns, während sie weiter ass. Nach der Banane folgte ein Käsebrötli.

«Hatte ich noch im Kühlschrank. Wegwerfen wär schade.»

Dann ein Müesliriegel. «Nur 90 Kalorien!»

Dann ein zweiter. «Na gut… jetzt hab ich halt 180. Geht auch noch.»

Am Ziel angekommen, waren exakt 22 Minuten vergangen – und Tanja hatte sich durch fünf verschiedene Snacks gearbeitet.

Ich war fasziniert. «Sag mal, isst du eigentlich auch zu Hause?»

«Klar! Aber nur abends. Tagsüber ess ich unterwegs. Spart Zeit. Und im Büro riecht es immer nach Mikrowellen-Curry, das verdirbt mir den Appetit.»

Ein paar Tage später traf ich sie wieder. Diesmal mit einem Frappuccino, einer Tüte Nüsse und einem belegten Bagel. «Heute hab ich alles dabei, was mein Körper braucht», sagte sie stolz.

Ich fragte vorsichtig: «Weisst du eigentlich, wie viele Kalorien das sind?»

«Ach, alles Kleinigkeiten. Und Kalorien zählen ist eh oldschool. Ich ess intuitiv.»

Ich nickte. Intuitiv vielleicht – aber die Intuition war offenbar ein ausgehungerter Teenager mit einem Fresszettel vom Kiosk.

Anekdote zum Schluss: Wenige Wochen später sagte sie plötzlich: «Ich weiss nicht, warum ich nicht abnehme. Ich ess doch nie richtige Mahlzeiten.»

Ich überlegte kurz – dann sagte ich: «Vielleicht liegt es daran, dass du die Mahlzeiten in Einzelteilen inhalierst… während andere noch über das erste Müesli nachdenken.» Sie lachte. «Ich hab halt einen bewegten Alltag!»

«Stimmt», sagte ich. «Nur leider bewegt sich dabei hauptsächlich der Kiefer.»

Das unschuldige Sandwich

Marco war ein klassischer Büro-Mensch. Täglich Anzug, Aktentasche, Laptop – und das Wichtigste: Ein Sandwich.

Egal ob Montag, Mittwoch oder Freitag – Marco war nie ohne sein belegtes Brot unterwegs. Und dabei völlig überzeugt: «Ich ess ja eh fast nix – nur ein kleines Sandwich mittags.»

Klein war relativ. Denn Marcos Sandwich war so überdimensioniert, dass man sich ernsthaft fragte, ob das überhaupt in den Mund passt: Vollkorn-Baguette (gesund!), drei Scheiben Salami (würzig!), ein halbes Ei (Protein!), eine dicke Schicht Mayonnaise (damit's nicht trocken ist!), zwei Scheiben Käse (für die Kalziumbilanz!), Gurken (Gemüse muss sein!), und obendrauf ein Spritzer Sriracha (der Stoffwechsel muss ja auch angekurbelt werden).

Er ass es jeden Tag mit dem Stolz eines Spitzensportlers. «Andere gehen Burger essen – ich ess Sandwich. Das ist clean.»

Eines Tages setzten wir uns zusammen in der Büroküche. Ich hatte Salat mitgebracht, Marco seine «Brote». Er schaute auf mein Mittagessen wie auf einen verzichtgeplagten Mönch.

«Das ist doch keine Mahlzeit...»

Ich sah auf seine XXL-Schnitte. «Und deins ist kein Sandwich mehr – das ist ein Brot-Wohnwagen mit Zwischenmiete.»

Er lachte. «Du wirst sehen – Sandwich essen ist smart. Schnell, mobil, und ich hab nie das Gefühl, zu viel gegessen zu haben.»

184

Ich überlegte. Vielleicht, weil er nie innehielt, um darüber nachzudenken.

Dann kam der Tag, an dem Marco abnehmen wollte. «Ich glaub, ich muss mal kürzertreten. Ich verzichte ab sofort auf Süsses.»

Ich nickte. «Und was ist mit deinen Sandwiches?»

«Die bleiben. Die sind nicht das Problem.»

«Und die Mayo?»

«Kommt ja nicht jeden Tag drauf.»

«Und der Käse?»

«Kalzium!»

Ich liess es stehen.

Eine Woche später erzählte er mir, dass er zusätzlich auf Zucker verzichtet. «Keine Cola mehr, kein Dessert. Nur Wasser. Aber die Waage zeigt nichts an.»

Ich fragte: «Magst du mir mal aufschreiben, was alles in deinem Sandwich ist?»

Er tat es. Am Ende kam er auf 850 Kalorien pro Stück. Und er ass zwei. Ich rechnete. «Du isst mittags mehr als zwei Cheeseburger – aber glaubst, du lebst gesund?»

Er schwieg. Dann sagte er: «Aber es ist doch Brot…» Ich nickte. «Ja. Es ist Brot – das sich als Diät verkleidet hat.»

Anekdote zum Schluss: Ein Monat später sah ich Marco mit Tupperware und Gabel. Ich staunte. «Kein Sandwich mehr?» Er grinste. «Ich hab's reduziert – auf einmal pro Woche. Und rate mal – die Waage ist plötzlich freundlich.»

Ich grinste zurück. «Siehst du – das Sandwich ist wie ein guter Witz: Wenn man's zu oft bringt, verliert es die Wirkung.»

Grüner Smoothie, braunes Wunder

Larissa war eigentlich eine ganz normale Kollegin. Netter Job, normale Figur, ein Faible für bunte Fingernägel. Bis zu dem Tag, an dem sie TikTok entdeckte. Oder besser gesagt: TikTok sie entdeckte.

Plötzlich war alles Detox. Alles Vegan. Alles «inspirierend».

Sie trank morgens einen grünen Smoothie mit Spirulina, Chiasamen, Matcha und – für den Geschmack – einem halben Tropfen Agavendicksaft.

«Weisst du», sagte sie, während sie das Zeug wie einen kostbaren Trank hob, «seit ich @fitwithlina folge, hat sich alles verändert.»

Ich nickte. Das hatte sich – ihre Frühstücke sahen aus wie Aquariumwasser.

Mittags gab's nur noch Bowls. Bowls mit Quinoa, Bowl mit Süsskartoffeln, Bowls mit fermentiertem Kohl. «Fermentiert ist das neue Frisch!», verkündete sie euphorisch.

Ihr Gesicht dagegen war nicht frisch – es sah eher so aus, als hätte sie eine Woche lang durch einen Filter gelebt.

Einmal brachte sie selbstgemachte «Protein-Riegel» ins Büro mit. «Nach Rezept von @bodybynele. Nur fünf Zutaten, aber voll Energie!»

Ich kaute. Es schmeckte wie Presspappe mit Nussstückchen. «Mmmh», log ich.

Sie strahlte. «Ja, gell? Ich fühl mich so clean!»

Ich fragte: «Und wie geht's dem Darm?»

Sie seufzte. «Naja, der ist noch im Wandel. Aber @healyourgutwithsophie hat da ein Enzym empfohlen, das hilft.»

Woche um Woche wurden die Tipps absurder. Ein Influencer empfahl, morgens einen Teelöffel Apfelessig auf nüchternen Magen zu trinken. Larissa probierte es.

Am nächsten Tag sah ich sie bleich im Büro. «Der Essig… ist irgendwie nicht gut runtergegangen», flüsterte sie.

Ich fragte, ob sie vielleicht einfach mal ein Müesli essen wolle. Sie sah mich an, als hätte ich ihr ein Schokocroissant mit Satanfüllung angeboten.

Dann kam der TikTok-Trend mit dem «Butterkaffee». «Bulletproof», erklärte Larissa. «Kaffee mit Kokosöl und Butter – regt die Fettverbrennung an!»

Ich probierte. Es schmeckte wie Cappuccino mit Pfannengeruch.

Am Nachmittag sass sie zitternd am Schreibtisch. «Was los?»

«Nix gegessen, aber 400 Kalorien getrunken. Mein Körper ist überfordert.»

Ich wollte ihr vorschlagen, einfach mal Brot mit Käse zu essen.

Aber sie war schon wieder bei Instagram. «@plant-based_mira hat ein Rezept für Blumenkohl-Wings mit Mandelpanade gepostet – muss ich ausprobieren!»

Zwei Wochen später wurde sie nervös. «Ich versteh's nicht. Ich ess nur Superfoods, trink Selleriesaft, fermentiere mein Gemüse selbst – und trotzdem hab ich zugenommen!»

Ich fragte leise: «Und… machst du Sport?»

Sie stutzte. «Also, ich folge Leuten, die Sport machen… zählt das nicht?»

Ich grinste. «Nicht ganz. Dein Daumen ist vermutlich sehr fit.»

Anekdote zum Schluss: Ein Monat später kam Larissa mit einem belegten Brötchen ins Büro. «Heute gibt's Pause von TikTok.»

Ich war überrascht. «Wieso?»

Sie zuckte mit den Schultern. «Ich hab letzte Woche @slimwithsam gefolgt. Der lebt drei Tage nur von Luft und Licht. Hat mich ein bisschen aus dem Gleichgewicht gebracht.»

Ich nickte. «Willkommen zurück in der echten Welt. Hier gibt's Essen, das nicht aus Algen, Pulvern und Versprechungen besteht.»

Nur ein Bissen!

Es gibt Gourmets, Geniesser und Feinschmecker. Und dann gibt es Harald. Harald war ein sogenannter «Mit-Esser». Er war nie hungrig, nie auf Diät – aber immer bereit, einen Happen zu kosten.

Ich habe Harald zum ersten Mal in einem Restaurant erlebt. Wir waren zu sechst, und jeder bestellte, worauf er Lust hatte.

Kaum kam das Essen, blickte Harald auf seinen Teller – ein fades Kalbsgeschnetzeltes – und dann auf meines: Kürbis-Risotto mit Ziegenkäse.

«Darf ich mal probieren?» fragte er.

Ich zögerte.

Doch bevor ich antworten konnte, war seine Gabel schon auf halber Strecke. «Mmmh… interessant. Deiner schmeckt intensiver.»

Kein Witz. Er ass ein Drittel meines Tellers weg – unter dem Vorwand, sich ein Geschmacksbild machen zu wollen.

Beim Dessert wurde es nicht besser. Harald bestellte – nichts. «Ich bin satt», meinte er.

Kaum kam mein Tiramisu, war sein Gesicht hellwach. «Du, nur ein Löffel, ja?»

Wieder zögerte ich. Wieder hatte ich keine Chance.

Als ich blinzelte, war mein Tiramisu kein «mi su» mehr – es war einfach nur «Tira».

Harald war kein Dieb – er war ein Verkoster. Und zwar immer.

Beim Grillfest brachte er keinen Salat mit – aber probierte alle anderen. «Oh, Couscous! Den muss ich testen.» Zwei Gabeln.

«Wow, Nudelsalat! Ich liebe Omas Version!» Drei Gabeln.

«Das Fleisch sieht saftig aus – kann ich…?» Ohne abzuwarten, hatte er sich ein halbes Stück vom Grill geschnappt.

Einmal lud ich ihn zum Raclette ein. Er erschien mit leerem Magen und leerem Kühltäschchen. «Ich wollte mich heute mal überraschen lassen.» Spoiler: Er liess sich nicht nur überraschen – er liess sich auch durchfüttern. Er probierte jede Beilage, jedes Käseplättchen, jeden Dipp.

Mein Nachbar meinte trocken: «Wir hätten einfach für ihn ein Probierbrett basteln sollen.»

Selbst auf Geburtstagen wurde es nicht besser. Harald schnitt sich von jeder Torte ein «kleines Stück». Gleichzeitig murmelte er Dinge wie: «Ich ess ja kaum was Süsses, aber da kann man nicht Nein sagen.»

Das Problem war: Er sagte nie Nein. Auch nicht zu anderen Tellern. Selbst wenn man schon angefangen hatte zu essen. «Oh, du hast das mit Lachs bestellt? Sag mal, wie ist denn die Kombination mit Dillsenf? Ich will mal kurz…» Und schon war die Hälfte weg.

Irgendwann fragte ich ihn: «Sag mal, Harald – hast du eigentlich je etwas nicht gekostet?»

Er überlegte. «Doch… Rosenkohl. Aber wenn du ihn gut machst, würde ich's probieren!»

Ich seufzte. «Und warum bestellst du eigentlich nie das, was du wirklich willst?»

Er grinste. «Weil es spannender ist, alles zu wollen.»

Anekdote zum Schluss: Vor kurzem war ich wieder mit Harald essen. Ich bestellte ein schlichtes Gericht

– Spaghetti Napoli. Er bestellte: «Nur einen kleinen Salat, ich bin nicht so hungrig.»

Als unser Essen kam, nahm ich die Gabel in die Hand – da war sie schon wieder: Haralds Gabel, schwebend über meinem Teller. Ich lächelte. «Du, heute nicht.»

Er blinzelte. «Ach komm – nur ein Bissen!» Ich grinste. «Dann nimm doch den vom Nebentisch. Der isst sowieso allein.»

Der Mitesser-Mogul

Es war ein ganz normales Grillfest bei Nina. Jeder sollte «etwas Kleines mitbringen» – so lautete die goldene Regel. Ein Salat, ein Dessert, Brot, Getränke, irgendwas eben.

Und natürlich kam auch Rolf. Rolf war ein Phänomen. Er brachte nie was mit – aber nahm alles mit, was ging.

Nicht nur auf dem Teller. Auch in Tupperware. Schon bei der Begrüssung rief er fröhlich: «Ah, wunderbar – ich hab tierischen Hunger!»

Nina lächelte gequält. «Rolf, hast du denn was mitgebracht?»

«Ach, ich dachte, ich komm einfach mit guter Laune! Das ist ja auch was wert, oder?»

Klar. Gute Laune. Nur leider kein Kartoffelsalat.

Während wir noch die Beilagen aufbauten, stand Rolf bereits an der Grillzange. «Ich mach das schon, ich hab ein Händchen für Fleisch!»

Er hatte vor allem ein Auge für die besten Stücke. Kaum war die erste Ladung Würste durch, hatte Rolf drei auf dem Teller – plus ein Steak.

Und während die anderen sich noch brav anstellten, murmelte er: «Ihr habt doch sicher später noch genug, oder?»

Als die Runde zum Essen sass, fiel auf: Rolf hatte keinen einzigen Salat mitgebracht – aber alle durchprobiert.

Sein Teller war ein Kunstwerk aus Buntheit, Höhe und Überforderung. Und als jemand sagte: «Wer hat den Couscous-Salat gemacht?» Antwortete Rolf mit vollem Mund: «Keine Ahnung, aber sehr gut! Ich hab ihn halb weg.»

Ich beobachtete ihn weiter. Während wir assen, überlegte Rolf schon den nächsten Gang. «Wer hat den Brownie-Kuchen mitgebracht?»

«Ich!», sagte Lisa stolz.

«Mega! Darf ich mir gleich zwei Stücke nehmen?»

Sie lächelte höflich – und wir alle wussten: Ob er darf, ist zweitrangig.

Als das Buffet zur Neige ging, kam der Höhepunkt:

Rolf packte Tupperdosen aus. «Für den Heimweg – wäre ja schade drum.»

Ich staunte. «Aber das ist doch gar nicht dein Essen!»

Er grinste. «Ich hab doch nichts mitgebracht – dann muss es sich ja wenigstens lohnen, dass ich gekommen bin!»

Ich wollte etwas sagen, doch Nina kam mir zuvor. «Rolf, schön dass du da warst – aber nächstes Mal wäre ein Beitrag zum Essen echt nett.»

Er nickte. «Klar, nächstes Mal bring ich Chips. Oder Luft. Oder Besteck. Irgendwas Leichtes.»

Später am Abend, als alle satt und zufrieden plauderten, kam Rolf mit einem letzten Trick: «Hat jemand noch eine Box für das restliche Brot?»

«Wieso?»

«Ich geb's meinem Nachbarn – der liebt altes Brot.»

Wir lachten.

Er auch.

Dann steckte er es ein.

Anekdote zum Schluss: Zwei Wochen später bekam ich eine Nachricht von Rolf: «Hey, ich mach ein kleines Apéro bei mir – bringt einfach alle was mit. Ich stell Gläser!»

Ich grinste. Natürlich. Rolf: Der kulinarische Kapitalist. Nimmt sich, was geht – und bringt den Korkenzieher als Beitrag.

Dieses Mal schrieb ich zurück: «Super! Ich bring Tupperware – man weiss ja nie, was übrig bleibt.»

Laut Studien völlig gesund

Wenn man mit Markus isst, braucht man keinen Ernährungsratgeber. Man braucht eher ein Lexikon – oder einen Faktencheck. Denn Markus war kein gewöhnlicher Geniesser. Er war ein wissenschaftlich motivierter Gourmet. Seine Essensentscheidungen traf er nicht aus Hunger oder Lust – sondern auf Basis von Studien, die, so Markus, «beweisen, dass das absolut gesund ist.»

Ich erinnere mich an ein Abendessen bei mir. Es gab einfache Pasta mit Tomatensauce. Markus brachte Wein mit. Zwei Flaschen. «Rotwein», verkündete er bedeutungsvoll, «reduziert das Risiko für Herz-Kreislauf-Erkrankungen um 30 Prozent.»

Er schenkte grosszügig ein.

Ich hob eine Braue. «Und 1,5 Liter senken es vermutlich gleich auf null?»

Er lachte. «Man muss auch auf das tägliche Wohlbefinden achten.»

Beim Nachtisch – dunkle Schokolade – legte er nach: «Wusstet ihr, dass Zartbitterschokolade voller Antioxidantien ist?»

Er knabberte zufrieden am vierten Stück. «Besonders gut fürs Gehirn. Und für die Stimmung sowieso.»

Ich beobachtete, wie er zwei weitere Stücke abbrach. «Und für den Stoffwechsel. Irgendwo hab ich das gelesen.»

Ich war mir sicher: Wenn ein Snickersartikel mit Fussnoten versehen wäre, würde Markus daraus ein Ernährungsprogramm basteln. Einmal traf ich ihn beim Frühstücksbuffet eines Hotels. Er hatte einen

Teller voll Speck, Rührei, Croissants, Butter und Käse.

Ich fragte scherzhaft: «Frühstück für Champions?» Er grinste. «Proteinreich. Sättigt besser, hält den Blutzucker stabil. Und Butter – ja, gesättigte Fette sind nicht so schlimm wie früher gedacht.»

Dann griff er zum dritten Croissant. «Und Kohlenhydrate am Morgen fördern die Serotoninproduktion.»

Ich nahm ein Müesli.

Er sah es mitleidig an. «Zu viele Ballaststoffe können auch zu Blähungen führen, weisst du?» Auch bei Schokolade im Büro hatte er Argumente: «Ein Riegel pro Tag – das beugt oxidativem Stress vor.» Kaffee? «Vier Tassen täglich senken das Alzheimer-Risiko.» Chips? «Enthalten zwar Salz, aber auch wertvolle Kartoffelstärke.»

Einmal erwischte ich ihn beim Eisessen im Winter. «Stärkt das Immunsystem», sagte er mit vollem Mund. «Der Kältereiz auf die Schleimhäute aktiviert Abwehrkräfte.»

Ich antwortete trocken: «Wenn das stimmt, ist ein Tauchgang in einer Kühltruhe vermutlich die nächste Therapieform.»

Sein Höhepunkt kam beim Weihnachtsessen. Es gab Raclette, Glühwein, Plätzchen – das volle Programm.

Markus dozierte mit der Präzision eines Molekularbiologen: «Glühwein – warm, regt den Kreislauf an. Käse – enthält Tryptophan, gut für den Schlaf. Und Zimt in den Plätzchen wirkt entzündungshemmend.»

Ich fragte: «Und das Fondue?»

Er nickte eifrig. «Kombination aus Fett und Eiweiss. Unterstützt die Fettverbrennung – paradox,
aber wissenschaftlich erwiesen.» Dann stiess er an.
«Auf die Forschung!»

Anekdote zum Schluss: Neulich traf ich Markus
wieder. Er trank ein grosses Glas Bier – mit Chips als
Begleitung. «Hopfen wirkt beruhigend», erklärte er,
«und die Bitterstoffe sind super für die Verdauung.»

Ich grinste. «Und die Chips?»

Er kaute nachdenklich. «Psychohygiene. Man muss
sich auch mal was gönnen – sonst wird man krank vor
Stress. Das hat sogar die WHO anerkannt.»

Ich nickte. «Klar. Und wer's nicht glaubt, kriegt
den wissenschaftlichen Beipackzettel gleich mitser-
viert.»

Kaschmir und Kaschieren

Julia war eine Meisterin der Modeillusion. Sie kannte alle Tricks: dunkle Farben für die schlanke Silhouette, Längsstreifen, die strecken, fliessende Stoffe, die umspielen, High-Waist-Hosen, die den Bauch verschwinden lassen. Sie war kein Model, aber sie wusste, wie man mit Kleidung die Figur modelliert – ohne Skalpell, ohne Diät, ohne Photoshop.

«Du siehst fantastisch aus!», sagten die Kolleginnen. «Wow, wie machst du das nur?», flüsterten Freundinnen. «Du hast so eine tolle Ausstrahlung», sagten Männer, die ihre Hand bei der Begrüssung auf ihrem Rücken etwas zu lange ruhen liessen.

Julia lächelte immer höflich. Ihre Looks waren durchgeplant. Blazer mit Schulterpolstern, die ablenkten. Tücher, die strategisch dort lagen, wo sonst ein kleines Röllchen zu sehen wäre. Absatzschuhe, die die Beine länger und die Haltung gerader wirken liessen.

Sie fühlte sich gut – zumindest im ersten Moment. Beim Ausgehen, beim Date, bei der After-Work-Party. Solange das Licht nicht zu grell war. Solange niemand zu nahe kam.Denn Julia trug nicht nur Mode. Sie trug auch ein Geheimnis.

Unter den Kaschmirpullis und drapierten Kleidern verbarg sich ein Körper, den sie selbst nicht mochte. Nicht, weil er «zu dick» war – sondern weil sie sich nie wirklich mit ihm versöhnt hatte. Ihr Gewicht schwankte seit Jahren. Und sie kämpfte nicht mehr dagegen – sie versteckte es lieber.

Die Männer, die sie kennenlernte, waren fasziniert. Stilvoll, charmant, selbstbewusst – so wirkte sie beim ersten Eindruck. Und oft folgte schnell das erste Kompliment. Und dann das erste Date. Und dann… das erste Missverständnis.

Denn irgendwann kam der Moment, wo die Realität nicht mehr kaschiert war. Wo der Lichtfilter fehlte, der Stoff weg war, und die Erwartungen der Männer in ein kleines, stilles «Ach so…» kippten.

Ein paar verschwanden einfach.

Einige blieben – aus Höflichkeit, aus Neugier, aus Ego. Aber nicht lange.

Und jedes Mal blieb Julia zurück mit der gleichen Mischung aus Wut, Selbstzweifel und dem Gefühl, wieder etwas «falsch gemacht» zu haben.

Bis sie Tom traf.

Tom war anders. Nicht weil er sich nicht auch zunächst von ihrer eleganten Erscheinung blenden liess – das tat er schon. Aber er blieb. Auch, als sie sich in Jogginghose zeigte. Auch, als sie im Pyjama mit Chips auf dem Sofa sass. Auch, als sie beim Wandern nach zehn Minuten keuchend stehen blieb und sagte: «Ich bin nicht die Sportlichste…»

Er lachte und sagte: «Ich bin nicht der Schnellste. Passt doch.»

Und so kam es, dass Julia irgendwann beschloss, ihm die Wahrheit zu sagen. Nicht über ihr Gewicht – das war längst kein Geheimnis mehr. Sondern über ihren ständigen inneren Zwang, sich zu inszenieren.

«Ich hab so oft Männer getroffen, die nur mein Outfit liebten. Die Vorstellung von mir – nicht mich. Und ich hab's mitgemacht. Weil ich dachte, ich muss mich verkaufen, damit mich jemand nimmt.»

Tom sah sie an, lange, ruhig, und sagte: «Du bist mehr als deine Silhouette. Und wenn jemand nur wegen eines Outfits bleibt, geht er auch, wenn der Reissverschluss klemmt.»

Julia lachte. Und spürte zum ersten Mal seit Jahren etwas, das sich nach echter Leichtigkeit anfühlte – obwohl die Waage sich nicht verändert hatte.

Sie begann, sich selbst neu zu entdecken. Nicht indem sie aufhörte, sich schön zu kleiden – das tat sie immer noch. Aber nicht mehr, um zu kaschieren. Sondern, um zu zeigen, wer sie ist.

Sie kaufte Kleidung, die ihr gefiel – nicht Kleidung, die sie schmaler machte.

Sie postete ein Foto von sich in einem gelben Kleid – körpernah, lächelnd, ohne Filter. Die Kommentare waren anders. «Du strahlst so ehrlich», schrieb jemand. «Endlich du», schrieb eine Freundin.

Und Julia schrieb zurück: «Ich hab nicht abgenommen. Ich hab nur aufgehört, mich zu verstecken.»

Sie wusste: Nicht jeder würde das feiern. Nicht jeder würde bleiben. Aber der, der blieb – blieb, weil er sie wirklich sah.

Und sie wusste jetzt: Lieber ein echter Körper mit Haltung – als ein perfekt kaschierter, der sich selbst nicht mehr spürt.

Kontrastprogramm

Sie waren zu dritt. Immer. Anna, Carolin und Vicky. Man sah sie oft in der Stadt, im Café, bei Events oder beim Shopping: ein auffälliges Trio – laut lachend, stylisch gekleidet, selbstbewusst auftretend. Zumindest auf den ersten Blick.

Anna war die Blonde mit den langen Beinen und den hohen Wangenknochen. Carolin hatte die berühmte «Sanduhrfigur», die selbst Schaufensterpuppen neidisch machte. Und Vicky? Vicky war… nett. Rundlich. Warmherzig. Und definitiv immer der «lustige Teil» der Gruppe.

Die Männerblicke trafen fast immer Anna und Carolin. Vicky war dabei – aber eben mehr als Kulisse. So wirkte es zumindest.

«Wir lieben Vicky!», rief Carolin oft auf Instagram, mit einem Gruppenfoto, bei dem sie sich vorteilhaft zur Kamera drehte, während Vicky in der Mitte fröhlich grinste, auch wenn sie selbst kaum ins Bild passte.

Anna nannte sie liebevoll «unsere Kurvenkönigin». Vicky selbst lachte mit. Was sollte sie auch sonst tun? Sie war es gewohnt, das «Kontrastprogramm» zu sein. Und obwohl die Freundschaft echt wirkte – mit gemeinsamen Urlauben, Geburtstagsüberraschungen und Netflix-Abenden – hatte sie manchmal das Gefühl, dass ihre Anwesenheit eine gewisse Funktion erfüllte.

Zum Beispiel, wenn sie zum Brunch eingeladen wurde, aber das Café bewusst enge Stühle hatte. «Ach Vicky, setz dich auf den Hocker, der ist stabiler!», rief

Carolin dann mit einem Lächeln, das schwer einzuordnen war.

Oder wenn sie shoppen gingen, und Carolin mit drei XS-Kleidern aus der Kabine kam, sich drehte und sagte: «Oh Gott, ich sehe heute so aufgedunsen aus! Vicky, du kennst das doch… oder?»

Vicky nickte. Und innerlich schüttelte sie den Kopf. Sie mochte ihre Freundinnen. Aber sie begann zu ahnen: Schönheit und Unsicherheit waren oft ein Paar – nur eben gut verpackt.

Denn je mehr sie hinsah, desto mehr bemerkte sie die feinen Risse: Anna, die nach jedem Gruppenfoto prüfte, ob ihr Arm «zu dick» wirkte – bei einem Umfang von 24 cm. Carolin, die heimlich Selfies bearbeitete, bevor sie sie postete – und dann Vicky abschnitt, «weil der Winkel schlecht war».

Beide, die nervös wurden, wenn Vicky sich einmal hübsch machte – als wäre plötzlich ihr Alleinstellungsmerkmal in Gefahr.

Eines Abends – sie waren zu einer Party eingeladen – erschien Vicky in einem tiefblauen Kleid, das ihre Figur betonte. Nicht versteckte. Die Haare hochgesteckt, das Make-up dezent, aber wirkungsvoll.

Als sie die Wohnung betrat, wurde es still. Anna sagte nur: «Wow… du hast dich aber in Schale geworfen.» Carolin lächelte angestrengt: «Du siehst… ganz anders aus.» Vicky antwortete: «Danke. Ich dachte, ich probier mal aus, wie es ist, wenn ich nicht die freundliche Hintergrundfigur bin.»

Die Party verlief anders als sonst. Die Blicke der Männer waren nicht mehr so eindeutig verteilt. Vicky wurde angesprochen – nicht als Lückenfüller für

Smalltalk, sondern als Frau. Anna und Carolin lächelten – aber das Lächeln wirkte angespannt, fast wie Fassade.

Am nächsten Tag kam keine Nachricht in der Mädelsgruppe. Sonst folgte immer ein Rückblick, ein Fotoalbum, ein lustiger Kommentar. Diesmal: Funkstille. Vicky verstand. Nicht jeder mag es, wenn das Bühnenlicht plötzlich wandert.

Ein paar Tage später schrieb sie eine eigene Nachricht: «Hey ihr zwei, ich hab euch lieb – aber ich hab das Gefühl, ich war in unserem Trio immer ein bisschen… die Klammer, damit ihr besser glänzt. Ich gönne euch euren Glanz. Aber ich möchte auch mal scheinen dürfen. Und das geht nur, wenn ich nicht als Kontrast gedacht bin.»

Es kam eine Antwort. Lang, wortreich, betont verständnisvoll. Und gleichzeitig irgendwie leer. Vicky liess es stehen.

Seitdem ging sie öfter allein aus. Oder mit neuen Leuten. Sie lernte Frauen kennen, die nicht in ihrer Nähe schlanker wirken wollten – sondern einfach nur gern lachten, sich gegenseitig stärkten und gemeinsam Dessert bestellten, ohne vorher zu stöhnen: «Oh mein Gott, das ist sooo eine Kalorienbombe!»

Vicky war nicht weniger geworden. Sie war mehr geworden. Und manchmal, wenn sie ein altes Foto anschaute, auf dem sie im Hintergrund stand, während Anna und Carolin ihre Schokoladenseiten präsentierten, dachte sie:

«Ich war nie der Hintergrund. Ich war das Bild. Ich musste es nur selbst erkennen.»

Im Gleichgewicht

Mira war keine Heldin der Verwandlung. Keine Vorher-Nachher-Geschichte. Keine dramatische Diätkriegerin, keine Fitness-Influencerin mit Proteinshake in der Hand und Sixpack unterm Top. Mira war einfach Mira.

Und sie war zufrieden. Nicht «zufrieden», wie es oft gesagt wird, wenn man aufhört zu kämpfen. Sondern wirklich: im Gleichgewicht. Mit sich, mit ihrem Körper, mit ihrem Leben.

Dabei war es nicht immer so gewesen. Mit Anfang zwanzig hatte Mira versucht, alles richtig zu machen: Clean Eating, Pilates, Low Carb, keine Süssigkeiten nach 18 Uhr. Sie führte Listen, Apps, Kalorienzähler, sogar ein Spiegel-Tagebuch. Jeden Tag ein Foto, jeden Tag ein Urteil. Mal gnädig, meist kritisch.

Sie zählte ihre Schritte, ihre Makros, ihre Makel. Und obwohl sie objektiv gut aussah – sportlich, schlank, vital – fühlte sie sich nie richtig. Immer war da jemand, der «noch besser» aussah. Noch straffer. Noch definierter. Noch perfekter.

Der Wendepunkt kam nicht durch einen Knall, sondern durch einen Sonnenuntergang. Es war ein Abend am Meer, sie war im Urlaub mit Freunden, und alle lagen barfuss im Sand. Es wurde Wein getrunken, gelacht, niemand sprach über Kalorien oder Bauchmuskeln. Nur Mira sass mit einem leichten Kopfschmerz, weil sie am Tag zu wenig gegessen hatte, um «figurfreundlich» zu bleiben.

Ein Freund reichte ihr ein Stück frisches Brot mit Olivenöl und sagte: «Mira, du darfst leben. Nicht nur funktionieren.» Und dieser Satz – einfach, ehrlich, ungeplant – blieb.

Zurück zuhause begann sie, ihre ganze Idee von «Selbstoptimierung» zu hinterfragen. Was, wenn Glück nicht davon abhing, ob man in Jeansgrösse 36 passte? Was, wenn wahre Attraktivität weniger mit Zahlen und mehr mit Ausstrahlung zu tun hatte?

Mira begann, nicht mehr gegen sich zu arbeiten – sondern mit sich. Sie ass wieder intuitiv. Nicht wahllos, aber ohne Schuldgefühle.

Sie bewegte sich, weil es ihr guttat – nicht um zu «verbrennen». Sie kaufte Kleidung, die ihr wirklich passte, nicht Kleidung, die ihr signalisierte, was sie eigentlich tragen sollte.

Und der grösste Wandel war innerlich. Plötzlich hatte sie mehr Energie. Nicht, weil sie leichter wurde – sondern weil sie aufhörte, sich selbst zu bekämpfen. Ihre Gedanken wurden klarer, ihr Lächeln echter. Und die Menschen in ihrem Umfeld begannen, das zu bemerken. «Du wirkst irgendwie… angekommen», sagte ihre Schwester. «Hast du was gemacht? Du siehst strahlend aus», fragte eine Kollegin.

Mira lachte. «Ich hab nur aufgehört, jemand sein zu wollen, der ich nicht bin.»

Natürlich war sie nicht jeden Tag euphorisch. Sie hatte ihre müden Tage, ihre aufgeblähten Tage, ihre Tage, an denen sie sich fragte, ob die Schokolade abends wirklich nötig war. Aber sie liess diese Gedanken kommen – und auch wieder gehen.

Sie war nicht immun gegen Vergleich. Aber sie war nicht mehr abhängig davon.

Sie sah jüngere Frauen, die sich durch Trend-Diäten quälten, und verspürte keinen Neid – sondern Mitgefühl. Und wenn sie mit Freundinnen sprach, die von ihren neuesten Challenges erzählten, hörte sie zu, aber dachte: Ich bin nicht mehr auf der Flucht vor mir selbst.

Heute ist Mira Mitte dreissig. Sie trägt Grösse 40. Manchmal 42. Sie isst Pasta, sie joggt, sie lacht laut. Sie hat keine App mehr, die ihre Mahlzeiten bewertet. Sie hat einen Kleiderschrank, der zu ihrem Leben passt – nicht zu einem Idealbild.

Und das grösste Kompliment, das sie je bekommen hat, kam von einer Freundin, die sie lange nicht gesehen hatte: «Du bist die erste, bei der ich glaube, dass Balance wirklich geht.»

Und Mira nickte nur. Denn sie weiss: Schönheit beginnt dort, wo der Krieg mit dem eigenen Spiegelbild endet.

Profilbild, bitte lächeln

Lisa war, wie sie selbst sagte, «ein bisschen rundum liebenswert». Sie mochte gutes Essen, verachtete Joggen aus tiefstem Herzen und fand schon den Gedanken an ein Fitnesscenter einschüchternd. Dennoch – oder gerade deshalb – war sie seit Jahren auf Datingportalen unterwegs. Und irgendwann hatte sie beschlossen, das Spiel eben mitzuspielen.

In ihrem Profil stand: «Aktiv und lebensfroh, liebe Sport in der Natur, schlank, NR, vielseitig interessiert.»

Ein Foto zeigte sie bei einer Wanderung – allerdings aus dem Jahr 2014, kurz vor dem Brunch mit Kaiserschmarrn und Quittenlikör. Ihre Hobbys? Laut Profil: Joggen, Wandern, Yoga, gesund kochen.

In Wahrheit: Serien bingen, Lasagne essen, «Gassi gehen» mit dem Hund der Nachbarin – aber nur bis zur nächsten Parkbank.

Lisa schämte sich nicht für ihr Leben. Aber sie hatte das Gefühl, dass Ehrlichkeit beim Online-Dating der schnellste Weg war, um allein zu bleiben. Also filterte sie sich durch die App wie ein Smoothie durch ein feines Sieb: möglichst wenig Ecken, möglichst glatt.

Und tatsächlich – die Matches kamen. Markus, sportlich. Sven, Triathlet. Und Ben – Surfer, Hobbykoch, mit einem Lächeln, das die Sonne neidisch machte.

Das erste Date war mit Markus. «Du siehst auf dem Bild ein bisschen anders aus», sagte er, als Begrüssung. Danach sprach er eine Stunde über seinen letzten Halbmarathon. Lisa lächelte und dachte an den

Fahrstuhl, den sie selbst bis ins Erdgeschoss genommen hatte.

Sven war noch schlimmer. Er bestellte einen Chia-Kefir und fragte sie, ob sie lieber Intervallfasten oder Keto praktiziere. Lisa sagte: «Ich faste manchmal – zwischen Abendessen und Frühstück.» Er lachte nicht.

Ben… war freundlich. Ehrlich. Und dann ehrlich enttäuscht. «Ich dachte, du bist sportlich», sagte er leise. «Nicht, dass es nur darauf ankommt. Aber ich hatte ein anderes Bild.»

Lisa ging nach Hause und weinte. Nicht wegen der Männer – sondern, weil sie sich selbst nicht mehr im Spiegel anschauen konnte, ohne den Filter dazuzudenken.

Zwei Wochen später löschte sie ihr Profil. Und ein paar Tage später erstellte sie ein neues. Ohne Retusche. Neues Foto. Kein Weichzeichner. Kein altes Wanderbild. In der Beschreibung stand:

«Ich bin nicht sportlich, liebe gutes Essen, lache gern, habe ein paar Kilo mehr und keine Lust mehr, so zu tun, als wäre ich jemand anderes.»

Und dann kam die Nachricht. Von Tom. «Mutiger Text. Sympathisch. Lust auf ein ehrliches Date? Ich bringe Schokokuchen mit.»

Tom war nicht durchtrainiert, aber auch kein Sofakartoffel. Er war einfach echt. Und Lisa spürte schon beim ersten Spaziergang: Hier muss ich nichts kaschieren.

Sie gingen öfter raus. Erst kurze Spaziergänge. Dann längere. Irgendwann meldeten sie sich gemeinsam für einen Einsteiger-Yoga-Kurs an – mehr zum

Lachen als zum Dehnen. Sie kochten zusammen – manchmal gesund, manchmal sündig. Aber immer mit Genuss.

Lisa begann, sich anders zu bewegen. Nicht aus Pflichtgefühl, sondern aus Freude. Tom war nie der Typ, der sagte «Du solltest mal…» – sondern der, der fragte: «Magst du mitkommen?»

Die Kilos wurden weniger. Nicht schnell. Nicht dramatisch. Aber stetig. Und das Beste: Lisa hatte das Gefühl, sie liess nicht Gewicht los – sondern Ballast. Die Lügen. Die Fassaden. Den ständigen Druck, jemand sein zu müssen, der sie nicht war.

Ein Jahr später stand sie mit Tom auf einem Berggipfel – echtes Foto, echtes Lächeln, echtes Glück. «Weisst du noch, was du in deinem alten Profil stehen hattest?», fragte Tom und grinste. Lisa lachte. «Sportlich, naturverbunden, schlank, NR.»

«Und jetzt bist du's wirklich.» Sie dachte kurz nach. «Nein. Jetzt bin ich ich. Und das reicht.»

Tom küsste sie. Und Lisa wusste: Die Liebe hatte sie nicht gefunden, weil sie sich verändert hatte. Sondern weil sie endlich aufgehört hatte, sich zu verstecken.

Und weil sie jemanden gefunden hatte, der nicht das perfekte Bild suchte – sondern den echten Menschen dahinter.

Feierabend bei den Schwestern

Wenn man Tanja und Jana nebeneinander sieht, würde man nie auf die Idee kommen, dass sie Zwillinge sind. Beide 37, beide gleiche Gene, gleiche Kindheit – aber unterschiedliche Figuren, wie aus zwei völlig anderen Haushalten. Dabei wohnen sie im selben Mehrfamilienhaus. Tanja im Erdgeschoss, Jana im zweiten Stock.

An einem Freitagabend beschloss ich, beide spontan zu besuchen. Eine Art kleiner Sozialversuch. Oder eher: ein Einblick in zwei völlig konträre Alltagswelten – mit gleichem Startpunkt, aber sehr unterschiedlicher Landung.

18:10 Uhr – Wohnung 1: Jana

Ich klingle. Jana macht mir im Jogginganzug die Tür auf, ein bisschen ausser Atem. «Bin gerade die Treppe runter, hab mir was beim Imbiss geholt. Heute gibt's Pizza.»

Die Wohnung duftet nach geschmolzenem Käse und fettigem Teig – eine Mischung aus Kindheit, Komfort und Kalorien.

Jana plumpst aufs Sofa, die Pizzaschachtel auf dem Schoss. «War ein stressiger Tag», sagt sie, während sie mit einer Papierserviette Fett von einem Rand tupft. «Mein Chef hat mich wieder bis zum Schluss drangenommen. Da braucht man was Gutes.»

Ich frage, ob sie sonst noch was geplant hat für den Abend.

«Serienmarathon. Und vielleicht später ein bisschen Schoggi. Aber nur zwei Stück!», sagt sie und lacht, während sie die Cola Light öffnet.

210

18:45 Uhr – Wohnung 2: Tanja

Oben öffnet mir Tanja in Sportleggings und Hoodie – mit nassen Haaren. «Gerade vom Yoga zurück. Ich mach mir gleich was Kleines, willst du mitessen?»

In ihrer Küche duftet es nach Knoblauch und frischen Kräutern. Auf der Arbeitsplatte liegen Zucchini, Lachsfilets, ein Zitronenstück. «Ich ess abends nie schwer. Danach schlaf ich schlecht», erklärt sie, während sie Gemüse in dünne Scheiben schneidet. «Morgens gibts bei mir alles, was ich will – aber abends? Da wird's leicht.» Dazu ein Kräutertee. Kein Dessert. Kein Fernseher, sondern ein Buch auf dem Küchentisch.

20:00 Uhr – Wieder bei Jana

Ich mache auf dem Rückweg noch mal bei Jana Halt. Sie liegt auf dem Sofa, die Füsse in eine Decke gewickelt, die Pizzaschachtel leer auf dem Couchtisch.

«Ich hab mir grad noch 'n Pudding geholt», murmelt sie mit leicht schlechtem Gewissen. «Nur so'n kleiner. Ich ess heut nix mehr.»

Währenddessen läuft auf dem Bildschirm eine Kochshow. «Guck ich voll gern. Die machen da Sachen, meine Güte! Aber ich würd das nie so hinkriegen.»

Ich überlege, ob ich was sagen soll – aber lasse es.

20:30 Uhr – SMS von Tanja. «Bin schon im Bett. Morgen früh schwimmen. Gute Nacht!» Dazu ein Bild von ihrer Wasserflasche, ihrer Yogamatte – und einem Zettel auf dem Kühlschrank: «Du isst nicht, weil du müde bist. Du bist müde. Geh schlafen.»

Ich muss grinsen.

Anekdote am Ende: Ein paar Wochen später lud ich beide zum Brunch ein. Tanja kam mit Overnight Oats und grünem Smoothie. Jana brachte eine Packung Buttergipfeli und meinte: «Ich probier's jetzt auch mal mit bewusster Ernährung. Hab mir ne App runtergeladen.»

Tanja lächelte nur und sagte: «Die beste App sitzt zwischen deinen Ohren.»

Ich glaube, Jana verstand den Satz nicht ganz. Aber sie biss genüsslich in den Gipfel. Und irgendwie – war das auch okay.

Der Koch, der nie hungrig war

Wenn jemand das Sprichwort «Liebe geht durch den Magen» verkörperte, dann war es Maurizio.

Chefkoch im kleinen, aber feinen Restaurant «La Forchetta Felice» – einer charmanten Trattoria mit karierten Tischdecken, rotweinfarbenen Wänden und dem Duft von Knoblauch, der einem schon beim Öffnen der Tür die Sinne umarmte.

Maurizio war eine Legende in der Küche. Nicht wegen seiner Michelin-Sterne – er hatte keine – sondern wegen seiner ständigen Bereitschaft, seine eigenen Gerichte mit absoluter Hingabe zu testen. Oder besser gesagt: zu verschlingen.

11:00 Uhr – Vorbereitung

Maurizio war früh dran. Vor dem ersten Gast hatte er bereits dreimal probiert: Die Tomatensauce – «noch ein Hauch Basilikum» –, das Risotto – «der Reis muss noch singen» – und natürlich der Tiramisu – «nur ein Löffel, zur Kontrolle.»

Wenn man ihn darauf ansprach, sagte er: «Ein Koch, der nicht probiert, ist wie ein Pilot, der nicht weiss, wie man fliegt.»

Dass seine Kochjacke mit der Zeit immer enger wurde, fiel ihm gar nicht mehr auf. Er wechselte einfach zu «komfortableren Modellen», wie er es nannte. Also Stretch-Shirts.

12:30 Uhr – Mittagservice

Während das Team schwitzte, Pfannen klapperten und Teller aus der Küche rauschten, stand Maurizio an der Seite und… ass.

Ein kleines Stück Lasagne hier.

Ein paar Gnocchi da.

«Ich muss doch wissen, was rausgeht!», rief er, während er einen Löffel ins Sahnepesto tauchte und sich genüsslich die Lippen leckte. Sein Team hatte längst aufgehört, die Augen zu rollen.

15:00 Uhr – Pause

Andere Köche hätten sich jetzt hingesetzt, vielleicht einen Espresso getrunken.

Maurizio? Er machte sich ein Sandwich. Natürlich selbstgemacht. Mit allem, was der Kühlschrank hergab: Roastbeef, Mozzarella, getrocknete Tomaten, Pesto, gebratene Auberginen – und zwei dicke Scheiben Ciabatta.

«Ich ess ja nur kleine Portionen – aber viele davon», verteidigte er sich einmal.

18:00 Uhr – Dinner-Vorbereitung

Wieder wurde geschnibbelt, gewürzt, gekostet. Maurizio war in seinem Element. Und gleichzeitig ein Opfer seiner eigenen Kochkunst.

Die neue Kürbissuppe? «Fantastico!» (Er ass zwei Teller, zur Sicherheit.)

Das Saltimbocca? «Wie bei Mama!» (Noch ein Stück, nur für den Vergleich.)

Das Team begann zu wetten, wie viele Kalorien der Chef schon vor dem ersten Gast intus hatte.

21:00 Uhr – Dessertzeit

«Wer bringt das Tiramisu raus?»

«Chef hat's aufgegessen.»

«Schon wieder?!»

Pointe: Eines Tages kam ein Restaurantkritiker unangemeldet vorbei. Er fragte nach dem Chefkoch.

Maurizio kam, wischte sich die Sahnespuren vom Kinn und reichte die Hand. «Ich bin's. Maurizio. Ich bin der, der dafür sorgt, dass hier niemand hungrig bleibt.»

Der Kritiker sah ihn an, schmunzelte und sagte: «Ich seh schon – Sie glauben offenbar fest an Qualitätssicherung.»

Maurizio nickte stolz. «Ich bin der einzige Koch, bei dem die Gäste sehen können, dass alles schmeckt – und zwar am Bauchumfang.»

Anekdote zum Schluss: Neulich kündigte Maurizio an, er wolle sich künftig «zurückhalten». Mehr delegieren, weniger essen.

Am nächsten Tag fanden seine Kollegen im Kühlraum einen kleinen Teller versteckt – mit Probierportionen von allem auf der Tageskarte.

Dazu ein Zettel: «Nur zur Sicherheit. Man kann nie vorsichtig genug sein.»

Die süsse Pause

Tanja arbeitete seit sieben Jahren im Bundesbetrieb für Infrastruktur und Verwaltung. Ein Betrieb, in dem man Excel-Tabellen so leidenschaftlich pflegte wie andere ihren Bonsai. Alles war strukturiert, geregelt, dokumentiert – selbst der Geburtstagskuchen im Pausenraum wurde mit einem Doodle-Link organisiert.

Was allerdings wirklich ungeschriebenes Gesetz war: Kein Meeting – und sei es noch so kurz – fand ohne Kaffeepause statt.

Es war eine heilige Institution. Morgens um 09:30 Uhr, dann wieder um 14:00 Uhr. Bei Workshops auch gern um 11:00 Uhr, mit einer kleinen Vorpause um 10:45 Uhr, falls jemand noch «kurz was holen» wollte. Und natürlich: Vor jeder Sitzung mit mehr als vier Personen – es könnte ja anstrengend werden.

Tanja war schlank. Immer gewesen. Nicht weil sie sportbesessen war oder eine besondere Diät hielt, sondern einfach, weil sie sich bisher nie viele Gedanken um Essen gemacht hatte. Sie bewegte sich moderat, kochte manchmal selbst, manchmal nicht – und irgendwie hatte das immer gereicht.

Bis sie anfing, im Bundesbetrieb zu arbeiten. Anfangs dachte sie sich nichts dabei. Zum Tee am Morgen – zwei Löffel Zucker, das war ja kaum was. Dazu ein kleiner Müesliriegel aus dem Snackautomaten. «Besser als Schokolade», sagte sie sich.

Am Nachmittag dann oft ein Besuch in der Cafeteria. Dort gab es den «süssen Snack des Tages» – Muffins, Plunderteilchen, Linzertorte. Oder auch mal nur ein Keks. Okay – zwei. Tee ohne Zucker mochte sie

216

nicht, also wieder zwei Löffel rein. Die Teekanne füllte sie oft zweimal auf.

«Ist ja alles nichts Schlimmes», sagte sie sich. Und: «Ich ess ja mittags nur Salat.» Was sie dabei übersah: die salatgrosse Portion an Dressings und Croutons.

Nach einem halben Jahr sass Tanja beim Meeting und spürte, wie der Bund ihrer Hose leicht spannte. «Muss eingelaufen sein», murmelte sie und stellte sich beim nächsten Mal an der Cafeteria lieber hinter die Kollegin, um nicht aus Versehen zwei Kekse zu nehmen. Nur einen. Dafür aber einen grösseren.

Die Waage zu Hause sprach Klartext: +4 kg. Nicht tragisch, dachte sie. Eher… realitätsnah. Dann eben ein bisschen aufpassen.

Das Problem war nur: Die Meetings liessen sich nicht aus dem Kalender löschen. Und Tee ohne Zucker? Unmöglich. Der schmeckte wie heisses Spülwasser.

Ausserdem – sie war ja nicht die Einzige. Auch andere Kolleginnen – allesamt zart gebaut und mit Vorliebe für Cardigans – griffen regelmässig zu. Es war fast schon ein kollektives Ritual: Man lachte, plauderte, trank Tee – und tunkte ein Stück Nussgipfel hinein.

«Soziale Kalorien», nannte Tanja es irgendwann. Doch dann kam der Moment der Wahrheit: ein Teambild für den Jahresbericht. Tanja sah das Foto – und musste zweimal hinsehen. Ihr Gesicht war rundlicher, ihr Kinn ein wenig weicher, die Taille verschwomm in der Bluse.

«Das bin nicht ich», dachte sie.

Und dann dachte sie: «Doch. Das ist das Ich mit zwei Löffeln Zucker – fünfmal am Tag.»

Am nächsten Morgen nahm sie sich vor: Nur ein Löffel Zucker. Kein Snack dazu. Es war… hart.

Der Tee schmeckte fade. Die Keksdose grinste sie an wie eine alte Freundin. Und in der Cafeteria roch der Apfelstrudel beleidigend gut. Aber sie blieb standhaft.

Woche für Woche reduzierte sie. Erst nur einen Snack pro Tag. Dann Tee mit Honig statt Zucker. Dann manchmal nur Wasser – auch wenn das verdächtige Blicke in der Kaffeepause hervorrief. «Geht's dir gut, Tanja?» – «Ja, ich entkoffeiniere nur.»

Drei Monate später – 3 Kilo weniger. Keine Revolution, aber ein Schritt. Der grösste Unterschied? Sie fühlte sich wieder wie sie selbst. Hatte das Gefühl, die Kontrolle zurückgewonnen zu haben. Nicht durch Diäten oder Verbote – sondern durch Bewusstsein.

Sie begann, ihre Kollegen zu beobachten: wie der Chef mit Bauchansatz vier Kaffees mit Zucker trank. Wie die Kollegin mit Fitnessabo täglich zum Snackautomat schlich. Und wie alle davon überzeugt waren: «Wir essen ja eigentlich nicht viel.»

Am nächsten Teammeeting brachte Tanja selbst etwas mit: Geschnittene Äpfel, kleine Reiswaffeln mit dunkler Schokolade, ungesüssten Eistee.

«Oh, Detox?» fragte jemand spöttisch. «Nein, Balance», sagte sie. «Ich will einfach wieder mein Gesicht auf dem Teambild erkennen.»

Alle lachten. Und plötzlich nahm sich jeder nur einen Keks.

Mit Sauce, bitte – und nicht zu knapp!

Es gibt Menschen, die sind mit einer Beilage zufrieden. Und es gibt Rolf.

Rolf war ein netter Kerl. Immer gut gelaunt, immer hungrig – und ein glühender Verehrer der Sauce. Nicht irgendeiner Sauce. Jeder Sauce.

Wenn man ihn zum Essen einlud, wusste man: Bereite dich vor. Nicht auf Diskussionen, sondern auf Nachschub – in flüssiger, geschmackvoller Form.

Ob Rahmsauce, Béchamel, Tomatensauce, Hollandaise oder Bratensauce – Rolf liebte sie alle.

Er sagte immer: «Die Sauce ist die Seele des Gerichts – und ich bin hungrig nach Sinn.»

Ein typischer Sonntag bei uns. Wir hatten Rindsbraten mit Gemüse und Kartoffeln. Ein einfaches, gutes Gericht.

Ich schöpfte jedem einen Teller, sparte mir aber den letzten Schluck Sauce in der Kasserolle – für mich.

Rolf sah den Löffel, sein Blick fixierte ihn wie ein Adler seine Beute. «Könnt ich noch ein bisschen Sauce haben?»

«Klar», sagte ich und gab ihm einen Löffel.

«Vielleicht noch ein kleines bisschen? Für die Kartoffeln, weisst du? Sonst sind die so trocken.»

Ich lächelte und kippte die ganze restliche Sauce über seinen Teller. Seine Augen leuchteten.

Einmal gingen wir gemeinsam in ein gehobenes Lokal. Rolf bestellte das Filet mit Rotweinsauce. Der Kellner servierte mit französischer Noblesse: ein Hauch Sauce, kunstvoll auf dem Teller geträufelt. Rolf starrte auf seinen Teller, dann auf den Kellner.

«Ist das Deko – oder Geschmacksträger?» Der Kellner lächelte höflich. Rolf griff zum Brotkorb, schob die Brotscheibe über den Teller und flüsterte mir zu: «Ich muss den Geschmack retten, bevor er verdunstet.»

Bei unserem jährlichen Grillfest gab es eine grosse Buffetstation mit allem Drum und Dran – auch vier verschiedene Saucen in Flaschen: Barbecue, Curry, Knoblauch und Cocktailsauce. Während alle sich ein Stück Fleisch nahmen und dezent eine Sauce wählten, stand Rolf da wie ein Künstler vor der Farbpalette. Er schichtete Sauce auf das Grillgut, auf den Mais, auf den Salat. Sogar auf das Brot. Als er sich setzen wollte, tropfte es von seinem Teller auf den Rasen. «Ups», sagte er. «Kunst ist eben nicht immer sauber.»

Eines Tages entdeckte Rolf ein neues Restaurant mit Saucen-Tasting. Sein Paradies. «Dort gibt's 20 verschiedene Saucen! Ohne Hauptgericht, nur Sauce mit Brot zum Tunken!» Ich fragte: «Und wie war's?»

Er antwortete ehrfürchtig: «Ich bin fast spirituell geworden. Ich habe Dinge geschmeckt, die mein Innerstes berührt haben.»

Neulich bestellte Rolf beim Thai-Lieferservice ein Curry. Als er es bekam, rief er entrüstet an: «Da ist zu viel Gemüse drin! Ich wollte mehr Sauce!» Der Lieferant sagte: «Sir, das ist schon die doppelte Menge.» Rolf antwortete trocken: «Doppelt ist mein Normal.»

Anekdote zum Schluss: Rolf ist übrigens der einzige Mensch, den ich kenne, der beim Brunchen nach Sauce fragt. «Gibt's nichts zum Drüberkippen?» fragte er neulich beim Birchermüesli.

Ich bot ihm Fruchtsauce an. Er nickte zufrieden –
und goss sich die halbe Kanne drüber.

Ich fragte ihn einmal: «Rolf, isst du das Essen wegen der Sauce, oder die Sauce wegen des Essens?» Er
grinste und sagte: «Das Essen ist nur der Löffel – die
Sauce ist der Schatz.»

Ein bisschen mehr, bitte!

Wenn es im Restaurant ein Gericht mit 180 Gramm Fleisch gab, fragte Bernhard grundsätzlich, ob es auch in «erwachsenen Portionen» erhältlich sei.

Er war kein Riese. Kein Gewichtheber. Kein Marathonläufer. Aber in einem war er Weltklasse: im Reklamieren. «Der Wein reicht ja kaum bis zur Biegung des Glases!» «Ist das die Vorspeise oder schon die Hauptspeise?» «Ich hatte gesagt, mit Beilage. Das da ist doch ein kulinarisches Komma.»

Er war kein schlechter Mensch. Er meinte es nicht mal böse. Aber Bernhard war überzeugt: Wer viel zahlt, soll auch viel bekommen – am besten mit Nachschlag.

Der berüchtigte Abend im «Cucina del Cuore». Ein neues italienisches Restaurant hatte aufgemacht. Stilvoll. Gedimmtes Licht. Leise Jazzmusik. Feine Küche. Kleine Portionen. Wir wussten: Das wird lustig.

Bernhard sah die Karte durch, runzelte die Stirn und flüsterte mir zu: «Für den Preis koche ich daheim drei Tage.»

Er bestellte das Menü «Piccolo Gusto» – drei Gänge, aber mit der üblichen Gourmet-Grösse: optisch beeindruckend, aber mengenmässig… sagen wir, ästhetisch knapp kalkuliert.

Erster Gang: Carpaccio. Bernhard musterte den Teller wie ein Ermittler ein Tatortfoto. «Ich glaub, ich seh mehr Teller als Fleisch.»

Zweiter Gang: Ein Raviolo. Nicht vier. Nicht zwei. Einer. Gross, ja, aber… eben einer.

Bernhard blickte zum Kellner. «Ist der Rest auf dem Weg – oder war das der Witz des Abends?»

Dritter Gang: Filet mit sautiertem Gemüse – kunstvoll angerichtet. Bernhard hielt das Filetstück hoch und sagte: «Ein perfekter Medaillon… für meinen Chihuahua.»

Und dann kam der Wein. Bernhard hatte einen Chianti bestellt. Als der Kellner einschenkte – dezent, wie es sich gehört –, hielt Bernhard das Glas gegen das Licht, schüttelte es leicht und murmelte: «Ich dachte, das wäre ein Rotwein. Kein Rotniesel.»

Der Kellner lächelte. Sichtlich geübt im Umgang mit Gästen wie Bernhard. «Ich verstehe», sagte er. «Dann bringe ich Ihnen gern ein Glas aus unserer Spezialflasche. Ein wenig kräftiger, etwas voller… und deutlich grosszügiger eingeschenkt.» Bernhard nickte zufrieden. «Geht doch!»

Dann geschah es. Der Kellner brachte zurück, was er als «besondere Empfehlung des Hauses» ankündigte. Ein grosser Teller. Darauf: Ein riesiges Rinderragout mit hausgemachten Gnocchi. Die Gnocchi waren keine Kügelchen. Es waren Kissen. Das Ragout dampfte, duftete – und floss über die Ränder. «Für den Herrn – eine vollwertige Portion, wie gewünscht.»

Der Kellner verbeugte sich leicht. Bernhard grinste. «Na endlich.» Er ass. Und ass. Und ass. Der Wein wurde grosszügig nachgeschenkt. Immer dann, wenn er kaum Luft holte.

Zum Schluss lehnte er sich zurück, röchelte fast – und flüsterte: «Ich… glaub, ich… platz gleich.» Der Kellner trat erneut an den Tisch. «Dessert gefällig? Ich hätte noch Tiramisu – in der Familienversion.»

Bernhard winkte ab. «Ich kann… nichts mehr sehen.»

Als wir hinauswankten – ja, wir wankten, weil wir uns vor Lachen kaum halten konnten –, drehte sich Bernhard nochmal um und sagte: «War lecker. Nur… ein bisschen viel vielleicht.»

Der Kellner verbeugte sich dezent. «Wir schätzen Gäste mit grossem Appetit.»

Anekdote zum Schluss: Seit diesem Abend bestellt Bernhard nur noch halbe Portionen. Und wenn der Wein mal etwas spärlich eingeschenkt ist, sagt er nur:

«Lieber wenig im Glas… als über der Hose.»

Der Geschmack liegt im Gaumen

Es war ein lauer Freitagabend. Die Trattoria «Da Luisa» war bis auf den letzten Tisch gefüllt. Der Duft nach Knoblauch, frischen Kräutern und Pizza zog durch den Raum. Die Stimmung: lebhaft, freundlich, ein wenig lärmig – so wie es sein soll.

Bis er hereinkam. Rudi. Ein Mann von stattlicher Figur, sowohl in der Breite als auch im Lautstärkevolumen. Rudi war einer jener Gäste, bei denen der Kellner schon beim ersten Blick diskret die Augenbraue hebt. Nicht wegen Prominenz – sondern wegen Vorerfahrung.

Er setzte sich an den Tisch neben uns, klopfte mit der Faust auf das Holz, als wolle er einen Boxkampf eröffnen, und begann ohne Vorwarnung mit seiner Spezialdisziplin: Restaurant-Rundumschelte.

«Also bitte! Der da hinten müsste lieber einen Salat essen – so wie der aussieht, ist er wahrscheinlich schon bei der Ankunft übergewichtig gewesen!», polterte er, laut genug, dass der halbe Gastraum mithören konnte.

Seine Partnerin, eine schmallippige Dame mit fester Dauerwelle und einem Blick, der eher nach Beugehaft roch als nach Romantik, nickte stumm.

Rudi fuhr fort. «Und die Bedienung – haben Sie die gesehen? Früher nannte man das wohl Rubensfigur, heute ist es einfach nur ungesund!»

Ich sah zur Seite. Die «Servier-Tochter», wie er sie spöttisch nannte, war Chiara – eine junge Frau, höflich, flink, mit etwas breiteren Hüften, die wohl eher auf Kraft als auf Cremetörtchen schlossen liessen.

Sie brachte ihm die Karte mit einem freundlichen «Buona sera!».

Rudi war schon beim Bestellen auf Krawall gebürstet: «Und bringen Sie mir bitte was, das mich nicht dick macht, ja? Ich möchte nicht so enden wie gewisse Leute hier...» – sein Blick wanderte demonstrativ über ihre Figur.

Chiara lächelte. Fast schmerzhaft höflich. «Natürlich, Signore. Ich empfehle Ihnen das 'Pollo alla Griglia'. Mager, proteinreich – und vor allem: sehr still.»

«Still?» fragte er irritiert.

Sie nickte: «Es spricht nicht. Im Gegensatz zu manchen Gästen, die sich offenbar auf einem Schönheitswettbewerb wähnen – aber leider den Spiegel zu Hause vergessen haben.»

Der Tisch verstummte.

«Wissen Sie», fuhr sie fort, «in Italien sagt man: Der Körper ist das Spiegelbild der Seele. Und Ihre Seele scheint ein wenig... na ja... gedehnt.»

Ein Raunen ging durch den Raum. Einige Gäste unterdrückten ihr Lachen mit Servietten. Rudis Gesicht wurde rot wie eine heisse Pizza Diavola.

«Frechheit!» schnaufte er. «Ich will mit dem Chef sprechen!» Chiara verbeugte sich leicht.

«Der Chef? Das bin heute Abend ich. Mein Vater ist in der Küche – und er hat noch mehr Messer als ich.»

Rudi schnappte nach Luft. Dann bestellte er kleinlaut das empfohlene Gericht – ohne Dessert.

Am Nebentisch – bei uns – wurde dieser Abend als legendär verbucht.

Ich lehnte mich zurück, kaute auf meiner Bruschetta und dachte: Manche Menschen haben nicht zu viel Körper – sondern zu wenig Haltung.

Pointe: Später an der Garderobe hörte ich, wie Chiara zu einer Kollegin sagte: «Er hat gesagt, er wollte was Leichtes. Jetzt hat er's bekommen – mit einem Hauch Wahrheit dazu.»

Wiedersehen mit Überraschungen

Als ich die schwere Holztür zum Gasthof «Zur Linde» aufstiess, wehte mir ein vertrauter Geruch entgegen – eine Mischung aus Möbelpolitur, Bratensauce und Nostalgie. 30 Jahre Klassentreffen. Der Gedanke fühlte sich an wie ein altes Paar Turnschuhe: ein bisschen ausgeleiert, aber irgendwie bequem.

Die Tische waren bereits gedeckt, der Saal festlich geschmückt – nicht zu protzig, eher charmant altmodisch. In einer Ecke lief ein Diashow-Projektor mit alten Klassenfotos. Und da waren sie: wir alle, in den Neunzigern – mit Zahnspangen, Ponyschnitten, Batikshirts. Und vor allem: in völlig anderen Körperformen.

Ich blieb einen Moment stehen, sah mich um – und wäre fast an Sabine vorbeigelaufen.

Sabine! Die damalige Sportskanone. Früher Ballett, Leichtathletik, immer eine Karotte in der Hand und ein Kommentar zur BMI-Weltlage auf den Lippen.

Jetzt – eine stattliche Erscheinung, Figur Typ «hält sich selbst für ein gemütliches Sofa». Und dennoch: strahlend, offen, ganz die Alte, nur eben… breiter.

Sie erkannte mich sofort: «Mensch Tom! Du bist ja kaum gealtert! Und du warst doch früher… na, du warst…»

«…der mit der Fanta in der Hand und der Ausrede beim 12 Minuten Lauf?», half ich nach.

Sie lachte. «Genau der! Und jetzt? Ganz schön schmal geworden, du.»

228

Ich grinste. Ja, das war tatsächlich so. Ich, der in der Schule jedes Buffet als Sportveranstaltung betrachtete, hatte mit Mitte 30 angefangen, meine Ernährung umzubauen – und meine Ausreden gleich mit.

Doch die wahren Überraschungen kamen erst noch. Micha, damals eher das Pausenbrot mit Armen, heute Personal Trainer und offenbar mit Waschbrettbauch unter dem Hemd – soweit das durch die enge Passform zu beurteilen war.

Yvonne, einst Spitzname «Wuchtbrumme», erschien im eleganten Kleid, rank und schlank, und erzählte beiläufig, sie laufe heute Marathons. «Damals hat man mich ausgelacht, wenn ich in der Turnhalle gestrauchelt bin», sagte sie und prostete mir mit einem Ingwertee zu. «Heute lachen sie, wenn ich als Erste ins Ziel komme.»

Und dann Tobi. Früher das stille Sensibelchen mit Hang zu Süssem – heute? Nun ja, er war geblieben wie er war. «Ich bin jetzt Zuckerbäcker. Weisst du, bleib deinen Wurzeln treu», meinte er mit einem schiefen Grinsen, während er sich den zweiten Teller Kässpätzle holte.

Je länger der Abend dauerte, desto mehr wurde klar: Die Körper von damals hatten nicht zwangsläufig die Zukunft bestimmt. Es war alles im Fluss. Die Schlanken von früher? Teils bequem geworden. Die «Moppel»? Diszipliniert, zielstrebig, mit ganz neuem Selbstbild. Und dann war da die grosse Gruppe der «Ich hab mich nie gross verändert»-Typen – zwischen Sofaritter und Gelegenheitsjogger.

Als der Nachtisch kam – ein feines Dessertbuffet, das wie ein Diät-Rückfall lauerte – trat ich kurz beiseite und beobachtete die Runde.

Sabine füllte sich dreimal auf – aber entschuldigte sich bei jeder Gabel. Yvonne lobte das Mousse au Chocolat, liess es aber stehen. Micha wog den Kalorienwert gegen sein morgiges Training ab. Tobi, natürlich, probierte alles.

Und ich? Ich nahm ein Stück Apfelkuchen. Ass es langsam. Genoss es. Ohne Schuldgefühl. Ohne Zwang.

Anekdote am Ende: Als wir uns zum Gruppenfoto aufstellten, meinte Micha lachend: «Weisst du, Tom – früher war das Gewicht, wie wir uns unterschieden haben. Heute ist es eher, wie wir damit umgehen.»

Und ich dachte: Die Körper von damals sind Geschichte. Unsere Gewohnheiten? Die schreiben wir heute – jeden Tag neu.

Gleich und doch ganz anders

Wenn man Gerda und Rolf zum ersten Mal sieht, denkt man unweigerlich: «Was für ein harmonisches Paar.»

Beide Mitte fünfzig, seit Ewigkeiten verheiratet, laufen im Partnerlook durch den Supermarkt und geben sich gegenseitig zärtlich Tipps wie:

«Nimm lieber den körnigen Frischkäse, Schatz – der hat weniger Fett.»

«Aber nur, wenn du wieder die Dinkelcracker nimmst und nicht die Butterbrezel!»

Was sofort auffällt – und ehrlich gesagt, auch nicht zu übersehen ist – ist die offensichtliche Gewichtsdifferenz.

Rolf sieht aus wie jemand, der beim Wandern schneller ist als der Rest der Gruppe – ein bisschen Bauch, aber sportlich.

Gerda hingegen hat eine sanfte Rundlichkeit, die sich über die Jahre in Stufen aufgebaut hat – nicht ungesund, aber eben… deutlich mehr.

Und dabei behauptet sie standhaft: «Ich esse genau das Gleiche wie Rolf!»

Und ja – ich kann es bezeugen. Ich war bei ihnen eingeladen.

Es gab gegrilltes Gemüse, ein kleines Steak, Vollkornreis, ein Glas Wein und sogar geteilten Nachtisch. Alles sehr bewusst.

Gerda achtete darauf, nicht zu viel aufzuladen. Rolf dagegen schaufelte locker zwei, drei Löffel mehr auf seinen Teller.

Und trotzdem… war sie es, die mit einem «Ich müsste wirklich wieder was machen» seufzte, während Rolf sich auf den Sessel warf und zufrieden rieb.

Nach dem Essen sassen wir beisammen, und ich traute mich: «Gerda, darf ich ehrlich sein? Vielleicht esst ihr beide gleich viel – aber vielleicht verarbeitet ihr es einfach unterschiedlich.»

Sie runzelte die Stirn. «Wie meinst du das?»

Ich lächelte. «Na ja. Du stehst um sechs auf, machst Frühstück, gehst arbeiten, kümmerst dich um den Haushalt – aber dabei bist du oft gestresst, oder?»

«Sicher. Und Rolf? Der arbeitet auch!»

«Klar, aber wenn ich mich recht erinnere, schläft er am Wochenende gern mal bis elf und liegt abends gern auf dem Sofa?»

«Ja… das nennt er Regeneration», murmelte sie. Und da war der Punkt. Nicht nur Kalorienaufnahme ist entscheidend, sondern auch der Stoffwechsel, das Hormonprofil, der Schlaf, Bewegung – sogar Stress!

Gerda war die Art Mensch, die unter Stress zunimmt. Ihr Cortisolspiegel konnte wahrscheinlich ein Pferd wachhalten.

Rolf dagegen? Sah alles locker. Ass, was er wollte – aber regte sich nie auf. Wenn er etwas zugenommen hatte, machte er einfach mal ein paar Tage «weniger Brot» und schwupp – zwei Kilo weg.

Einmal fragte ich ihn, was er für seine Figur tue. Er grinste: «Ich esse, bis ich satt bin. Und wenn ich zu schwer werde, esse ich halt weniger.»

Das klang simpel. War es aber nicht. Gerda, mit ihrer peniblen Art, zählte Kalorien, plante Mahlzeiten,

232

mied Fett, ass Joghurt mit 0,1 % – und hatte das Gefühl, gegen Windmühlen zu kämpfen.

Am Ende des Abends, als ich mich verabschiedete, fragte ich: «Gerda, darf ich dir was sagen, ohne dass du sauer wirst?»

«Schiess los.»

«Du brauchst keinen neuen Diätplan. Vielleicht brauchst du nur etwas mehr Schlaf. Und weniger Rolf.» Wir lachten alle.

Anekdote am Ende: Ein paar Wochen später bekam ich eine Nachricht von Gerda: «Ich hab begonnen, jeden Abend 30 Minuten spazieren zu gehen – ohne Rolf, nur für mich. Und ich habe drei Kilo verloren. Vielleicht hattest du recht: Ich esse gleich viel – aber ich habe endlich wieder Raum zum Verdauen.»

Immer Grösse M

Martin war ein Gewohnheitstier. Seit seinem 25. Lebensjahr kaufte er sich Hosen in Grösse 50, Hemden in L und T-Shirts grundsätzlich in Grösse M. Nicht weil er sich ständig vermessen hätte – nein, einfach weil das immer so war. Grösse M, das war für ihn kein Mass – das war eine Überzeugung.

Wenn er shoppen ging – was ohnehin selten vorkam – nahm er die Sachen meist blind aus dem Regal. «Das passt schon», sagte er dann. Und wenn etwas spannte, war nicht der Bauch gewachsen, sondern der Stoff eingegangen. Logisch.

Martin war niemand, der sich «gehen liess», wie man so sagt. Aber er war auch niemand, der sich allzu sehr gehen machte. Die Jahre zogen ins Land, die Arbeit wurde mehr, die Bewegung weniger, und die Liebe zu Pasta, Bier und späten Abendbroten wuchs still und stetig. Immer mal wieder stellte er fest, dass die Hose etwas kneift. Dann dachte er: «Muss ich mal wieder ein bisschen aufpassen.» Und damit war das Thema für ihn erledigt.

Bis zu jenem Frühling, als alles anders kam. Es begann mit einem T-Shirt. Weiss, schlicht, mit einem Aufdruck: «Bleib locker.» Martin lachte, als er es in der Umkleidekabine anprobierte – wobei: anprobierte war übertrieben. Er zog es an. Oder besser gesagt: Er zerrte es über den Bauch. Und als es endlich sass (oder zumindest irgendwie nicht mehr verrutschte), spannte der Aufdruck so sehr, dass da nur noch «B L C K» zu lesen war. «Bleck Locker», murmelte Martin und drehte sich kritisch vor dem Spiegel.

Sein Bauch wölbte sich wie ein Croissant auf der Flucht. Und das T-Shirt hatte offensichtlich Angst. Er versuchte, sich zu setzen – ein fataler Fehler. Der Stoff spannte bedrohlich. Kurz sah er sich nach Fluchtwegen um, für den Fall, dass er das Shirt nicht mehr ausbekam.

Es war das erste Mal, dass Martin die Möglichkeit in Betracht zog, nicht mehr Grösse M zu sein. Es war ein Schock.

Aber wie das bei Gewohnheitstieren so ist – statt das T-Shirt eine Nummer grösser zu nehmen, hängte er es zurück und dachte: «Ich werde einfach wieder ein bisschen abnehmen.» Nur: diesmal blieb es nicht beim Gedanken.

Denn in den nächsten Tagen passierte etwas Merkwürdiges. Die Jeans zwickte. Der Gürtel spannte. Sein Lieblingshemd – das hellblaue mit den kleinen Ankern – schloss sich nur noch widerwillig über dem Bauch. Und jedes Mal dachte Martin: «Ich kann doch nicht einfach eine grössere Grösse kaufen. Das wäre ja ein Eingeständnis!»

So lief er eine Weile lang herum wie eine schlecht gefüllte Wurst. Bewegungen wurden kleiner, Sitzen unbequemer. Nach dem Essen musste er manchmal den obersten Knopf der Hose öffnen – und das selbst beim Salat.

Der Wendepunkt kam an einem Samstagabend. Martin war mit Freunden zum Grillieren eingeladen. Er wollte sein neues weisses Hemd anziehen – Grösse L, natürlich. Als er es zuknöpfte, sprang der zweite Knopf einfach ab. Einfach so. Mit einem kleinen «Ping!» flog er quer durchs Schlafzimmer. Martin stand da, Hemd offen, Bauch frei, Knopf verloren – und plötzlich wurde es still in ihm.

Nicht vor Scham. Nicht aus Selbsthass. Sondern aus einem Gefühl der Ehrlichkeit. Er sah sich im Spiegel an und dachte: «Was machst du da eigentlich? Warum kaufst du Kleidung, die deinem Körper nicht mehr entspricht – nur, weil du nicht sehen willst, dass sich etwas verändert hat?»

Und dann kam der Gedanke, der alles veränderte: «Was, wenn ich nicht den Kleidergrössen hinterherlaufe – sondern mein Leben ändere, damit mir meine Grösse wieder passt?»

Martin beschloss, nicht mehr zu kämpfen – sondern umzudenken. Er fing an, seine Gewohnheiten zu überdenken. Kein radikaler Verzicht, keine Verbote. Aber bewusster. Morgens ein Frühstück, das nicht aus zwei belegten Brötchen bestand, sondern aus Haferflocken und Obst. Mittags ein Spaziergang statt Kantinen-Koma. Abends weniger – und früher.

Er begann, langsamer zu essen. Sich Zeit zu nehmen. Sich zu bewegen – nicht aus Zwang, sondern um sich besser zu fühlen. Und mit jedem Tag, an dem er sich wohler fühlte, spannte das Hemd ein wenig weniger.

Nach drei Monaten wagte er sich wieder in den Laden. Diesmal probierte er wieder Grösse M – skeptisch, vorsichtig. Und siehe da: Das Shirt sass. Es spannte nicht. Der Aufdruck war wieder lesbar. «Bleib locker», stand da. Und Martin lächelte.

Er hatte gelernt: Grösse M ist kein Statussymbol. Es ist eine Orientierung. Und man muss nicht für immer in eine Form passen – aber man kann sich so verhalten, dass man sich wieder wohlfühlt in seiner Haut. Und in seinen Hemden.

Und so wurde aus «Immer Grösse M» nicht nur ein Spruch – sondern eine Entscheidung. Nicht für Perfektion. Sondern für ein Leben mit Mass.

Zehenspitzenwahrheiten

Sie kamen wie eine glitzernde Welle an den Strand: Drei Influencerinnen, perfekt gestylt für den «spontanen Sommertag» am Meer. Ihr Strandtuch war teurer als der halbe Jahresurlaub von Familie Müller in Bulgarien, und die Sonnencreme kam in einer pastellfarbenen Metallflasche, «ocean-safe» und vermutlich auch «karma-friendly».

Jede Bewegung wirkte beiläufig – war aber minutiös durchdacht.

Lisa, die Anführerin der Drei, stellte sich zuerst in Position. Rechte Hüfte leicht nach hinten, linker Arm angewinkelt, Kinn hoch, Lippen leicht geöffnet, Blick ins Weite. Und natürlich: Zehenspitzenstand. Ihre Bauchmuskeln spannten sich wie bei einem Yoga-Retreat in Bali, obwohl sie zuletzt Sport gemacht hatte, als TikTok noch Musical.ly hiess.

«Warte, der Winkel ist nicht gut!», rief Mia, die zweite im Bunde. Sie war für Licht und Schatten zuständig – das menschliche Reflektorbrett. Und ebenfalls auf Zehenspitzen. Immer. Auch beim Gehen. Selbst beim Liegen schien sie irgendwie auf Zehenspitzen zu sein.

Nina, die Dritte, war ein wenig leiser. Aber dafür sehr detailverliebt. Während Lisa posierte und Mia das Sonnenlicht analysierte, war Nina bereits beim Nachbearbeiten. «Ich kann den Schatten am Bauch noch ein bisschen glätten, dann sieht's aus wie ein definiertes V», murmelte sie, während sie auf ihrem Handy herumwischte.

«Mach den Hintergrund unscharf», sagte Lisa. «Und die Taille ein bisschen schmaler», ergänzte Mia. «Und die Oberschenkel leicht verlängern», flüsterte Nina – mehr zu sich selbst als zu den anderen.

Die Pose dauerte etwa vier Minuten. Dann kam das Lächeln. Klick. Foto gemacht. Pause.

Lisa atmete hörbar aus und fasste sich an den Rücken. «Oh Gott, mein Lendenwirbel schreit.»

Mia setzte sich vorsichtig hin. «Meine Waden zittern. Ich glaube, ich hab einen Zehenspitzen-Muskelkater.»

Nina war bereits bei der Farbkorrektur.

Währenddessen lag auf der Nachbarliege eine ältere Dame, etwa Mitte 60, mit Sonnenhut, einem Buch und einem Bauch, der ganz entspannt über ihrem Badeanzug ruhte.

Sie beobachtete das Schauspiel mit einem amüsierten Lächeln. «Ist das jetzt der neue Yoga?» fragte sie plötzlich laut genug, dass alle drei zusammenzuckten.

«Wie bitte?» fragte Lisa, leicht verwirrt.

«Na, dieses dauerhafte Stehen auf Zehenspitzen. Sieht anstrengend aus.»

«Ach so… das ist… ähm… das ist für den Rücken!», log Mia blitzschnell.

Die ältere Dame lachte. «Ach Mädchen, seid doch ehrlich. Das ist für den Instagram-Bauch.»

Kurz war es still. Dann kicherten alle drei – ertappt, aber irgendwie auch erleichtert. Doch als sie dachten, es wäre überstanden, zeigte die Dame auf ihr Buch und sagte: «Wisst ihr, hier steht ein schöner Satz: ‚Authentizität hat mehr Ausstrahlung als jede Pose.‘ Vielleicht probiert ihr das mal.»

Am Abend sassen die drei Influencerinnen im Hotelzimmer. Lisa lud ihr bearbeitetes Foto hoch. Der Bauch war flach, der Himmel blau, das Leben perfekt. Die Likes rollten in Sekundentakt. Kommentare wie: «Du siehst sooo toll aus!», «Body goals!» und «Wie machst du das nur?!» häuften sich.

Und doch starrte Lisa lange auf das Bild. Es war ein schönes Foto – aber es war nicht sie. Nicht wirklich.

Ihr Bauch war flacher, ja. Aber nicht echt. Ihre Taille war optimiert. Der Schatten bearbeitet. Selbst ihre Zehen hatte Nina minimal gestreckt, damit die Proportionen besser wirkten.

«Weisst du, was das Schlimmste ist?» sagte Lisa plötzlich. «Was denn?» fragte Nina, die gerade an ihrem eigenen Bild arbeitete. «Ich fühl mich schlechter, seit ich das Foto gepostet hab. Als würde ich gegen mein eigenes Bild verlieren.»

Da wurde es kurz still.

Und Mia – sonst die Erste mit flotten Sprüchen – sagte leise: «Vielleicht sollten wir mal ein Bild posten, wie wir wirklich aussehen. Ohne Filter. Ohne Zehenspitzen. Einfach so.»

Sie lachten. Unsicher. Und dann einigten sie sich: Vielleicht morgen.

Natürlich machten sie am nächsten Tag trotzdem wieder Fotos. Natürlich standen sie kurz wieder auf Zehenspitzen. Aber sie nahmen auch ein Bild im Sitzen auf. Mit Falten im Bauch. Mit Wind im Haar. Und einem echten Lachen.

Sie posteten es mit dem Hashtag: #nichtperfektaberglücklich.

Es bekam weniger Likes. Aber mehr ehrliche Kommentare. Und sie fühlten sich ein kleines bisschen freier – auch wenn ihre Waden vom vielen Zehenspitzen-Training noch immer schmerzten.

Fassade in Bio

Claudia war das, was man heute einen «Health Guru» nennen würde. Zumindest nach aussen.

Sie trug Sportleggings, auch wenn sie keinen Sport machte, sprach regelmässig von «basischem Essen», «innerer Balance» und «Entgiftung» – und in ihrem Instagram-Profil stand in Grossbuchstaben: #clean-living.

Im Büro war sie berüchtigt für ihre grünen Smoothies mit Zutaten, die sonst nur Heilpraktiker aussprechen konnten. Sie nippte an Selleriesaft wie andere an Aperol Spritz. Wenn jemand einen Keks anbot, sagte sie mit einem milden Lächeln: «Zucker ist das neue Rauchen.»

Niemand hätte geahnt, was sich hinter der Fassade verbarg. Denn Claudia führte ein Doppelleben.

Jeden Abend, wenn sie ihre Haustür hinter sich schloss, fiel das Kartenhaus der gesunden Lebensweise krachend in sich zusammen.

Zuerst flog die Leggings in die Ecke. Dann zog sie ein altes, ausgewaschenes Schlabbershirt an – mit dem Logo eines Fast-Food-Restaurants, von dem sie behauptete, es «aus Prinzip» zu boykottieren.

Dann öffnete sie die Schublade unter dem Herd. Nicht für Töpfe. Nein – dort lag ihre geheime Schatztruhe: Zigaretten, zwei Tafeln Schokolade, ein Glas Nutella (mit Löffel drin), und eine Flasche billiger Whiskey. Bio? Nicht mal annähernd.

Mit einem erleichterten Seufzer liess sie sich auf das Sofa fallen, schob die Gurkenwasserflasche zur Seite und griff nach der Fernbedienung – und der

Zigarette. Ihr Lieblingsmoment: Netflix, Nikotin und Nuss-Nougat. Kein Clean Living. Nur ehrliches Leben.

Am nächsten Morgen war sie wieder die Claudia der Superlative. In der Teeküche erklärte sie einer Kollegin, wie wichtig intermittierendes Fasten sei.

«Ich esse nur zwischen zwölf und acht», log sie, während sie innerlich noch den Baconburger von letzter Nacht verdauen musste.

Ihr Instagram-Post zeigte ein Müesli mit Chiasamen und einem Lächeln, das sie aus einem Archivfoto zusammengeschnitten hatte. In Wahrheit frühstückte sie nie öffentlich – weil sie heimlich Nutellatoast mit Butter ass. Dick Butter. Und trotzdem glaubten ihr alle.

Der Wendepunkt kam nicht durch eine moralische Erkenntnis, sondern durch einen Zufall.

Bei einem Teamevent stand Claudia mit ihrer Kollegin Julia auf dem Balkon. Es war spät, Wein war geflossen, und irgendwann zückte Claudia – in einem Moment der Unachtsamkeit – eine Zigarette.

Julia erstarrte. «Du rauchst?» Claudia, erschrocken, versuchte, es herunterzuspielen. «Ach… nur ganz selten… also eher so als… Anti-Stress-Akupunktur.»

Doch es war zu spät. Julia war nicht nur Kollegin – sie war auch online gut vernetzt.

Am nächsten Tag tauchte ein Bild auf: Claudia mit Zigarette, leicht verschwommen, aber eindeutig. Darunter die ironische Bildunterschrift: «Detox dich selbst, Baby.»

Die Likes explodierten. Und die Kommentare auch. Claudia starrte aufs Display. Die Wahrheit war raus.

Der Mythos zerbröckelte. Und irgendwie… fühlte es sich gar nicht so schlimm an.

Im Gegenteil.

Denn plötzlich meldeten sich Leute, die schrieben: «Danke, dass du auch mal menschlich bist.» «Endlich mal jemand, der ehrlich ist.» «Ich hab mich so unter Druck gesetzt von deinem Profil – jetzt weiss ich, wir sind alle nur Menschen.»

Claudia, etwas verwirrt, postete ein Selfie. Ohne Filter. Im Schlabbershirt. Mit Schokolade im Mundwinkel. Unterschrift: «Ab heute echt.»

Und zum ersten Mal fühlte sie sich nicht wie eine Gesundheitsbotschafterin auf bröckelndem Fundament, sondern einfach wie sie selbst: Eine Frau, die gern gesund tun wollte – aber genauso gern heimlich Chips ass.

Sie änderte ihre Bio in: #cleaneralsonichtperfekt

Und siehe da: Die Follower blieben. Die Likes auch. Aber der Druck verschwand. Und die Leggings? Die behielt sie. Bequem sind sie ja trotzdem.

Karriere mit Beilage

Tobias war immer schlank gewesen. Sportlich, ehrgeizig, strukturiert – ein typischer «Aufsteiger». Schon in der Uni hatte er alles auf Erfolg ausgerichtet: Lernen statt feiern, Business-Seminare statt Bierpong. Mit Mitte 30 war er Abteilungsleiter in einem internationalen Unternehmen. Firmenwagen, Bonuszahlungen, schicke Uhr. Der klassische Aufstieg.

Und mit dem Aufstieg kam – leise und beharrlich – der Bauch.

Nicht plötzlich. Sondern so, wie Staub sich ansammelt, wenn man ihn nicht regelmässig wegwischt. Zuerst war es der Espresso am Morgen, dann die zwei Croissants beim Meeting. Die Mittagessen fanden fast nur noch im Restaurant statt – Hauptgang plus Dessert, versteht sich. Und abends wurde spät gegessen. Man musste sich ja belohnen für den ganzen Stress.

Sport? Vielleicht am Sonntag. Wenn nichts dazwischenkam. Also nie.

Er merkte es zunächst nicht. Im Gegenteil: Wenn jemand sagte, er sehe «kräftiger» aus, lächelte er stolz. «Na klar, Erfolg sieht man eben!» sagte er dann. Und meinte das sogar ernst.

Aber der Erfolg begann zu zwicken. Zuerst bei der Hose. Die Schnalle drückte, wenn er länger sass – was er ja den ganzen Tag tat. Dann kamen die Fotos. Da war plötzlich ein zweites Kinn auf dem Bild – eines, das sich offenbar zu ihm gesellt hatte, ohne zu fragen.

Und schliesslich der Moment, der alles veränderte: Das Firmentreffen in Barcelona. Tobias stieg aus dem Taxi, voller Energie, das Sakko eng – aber noch tragbar. Dann traf er seinen alten Kollegen Daniel, den er seit Jahren nicht gesehen hatte. Daniel war früher ein wenig pummelig, ein netter Typ mit sanfter Stimme und Cola-Light-Abo.

Jetzt stand da ein durchtrainierter Mann mit definierter Kieferlinie, sportlichem Hemd und echtem Strahlen. «Wow, Daniel, du hast dich ja gemacht!», sagte Tobias und meinte es ehrlich.

Daniel lachte. «Ja, irgendwann hab ich gemerkt: Mein Konto wächst, aber mein Körper schrumpft – im falschen Sinne. Da musste ich was ändern.» Tobias lachte mit. Aber innerlich zuckte etwas.

Am Abend lag er im Hotelbett, der Bauch wölbte sich über den Hosenbund, und auf Instagram sah er ein Foto von sich – Gruppenbild mit Kollegen. Sein Lächeln war da. Aber auch ein ziemlicher Bauch. Und vor allem: ein müder Blick.

In diesem Moment kam der Gedanke: «Wenn ich meine Karriere plane wie ein Projekt – warum plane ich meinen Körper nicht genauso?»

Am nächsten Morgen begann Tobias mit einer Bestandsaufnahme. Nicht im Fitnessstudio. Sondern mit sich selbst. Er schrieb auf:

Keine Bewegung im Alltag

Unregelmässiges Essen

Stress = Essen

Kein Frühstück = Heisshunger

Alkohol bei fast jedem Abendessen

Schlaf unregelmässig

Er war schockiert, wie banal die Ursachen waren. Also änderte er den Kurs – nicht radikal, aber konsequent. Er begann, morgens eine halbe Stunde früher aufzustehen. Machte einen Spaziergang vor dem Kaffee. Kein Joggen – einfach Bewegung. Frühstück? Ja – aber bewusst: Haferflocken, Obst, Wasser. Kein Zucker-Overkill. Mittags: nur, was satt macht – nicht was «nach was aussieht». Keine zwei Gänge, keine Cola. Und abends: früher, kleiner, leichter.

Die Veränderung war langsam. Keine Diät. Kein Zwang. Aber spürbar. Er begann, sich wieder zu bewegen. Im Büro ging er öfter die Treppe, stellte sich beim Telefonieren hin, legte das Handy bewusst weg, wenn er ass. Kein Multitasking beim Mittagessen – einfach nur essen.

Nach vier Wochen war der Bauch noch da – aber weniger beleidigt. Nach acht Wochen passte das Sakko wieder. Nach zwölf Wochen lachte ihn das Spiegelbild nicht nur an – es sah wieder nach ihm aus.

Er schrieb Daniel eine Nachricht: «Danke, dass du mich gestern nicht erkannt hast. Hat etwas in Bewegung gesetzt.» Daniel antwortete mit einem Daumen hoch – und einem Smiley mit Laufschuh.

Tobias lachte. Er hatte gelernt: Erfolg ist nicht nur das, was auf dem Papier steht. Sondern auch das, was im Spiegel zurückschaut. Karriere ist gut – aber was bringt sie, wenn man sich nicht mehr wohlfühlt in seiner Haut?

Heute ist Tobias immer noch Abteilungsleiter. Aber sein Terminkalender hat jetzt fixe Termine mit sich selbst. Nicht verschiebbar. Denn er weiss: Ein Körper ist kein Projekt, das man nach Feierabend ignorieren kann.

Und er hat verstanden: Karriere mit Beilage gerne. Aber nicht, wenn die Beilage der Bauch ist.

Fett bleibt Fett – oder?

Sven war immer der Dicke. Schon im Kindergarten hatte er mehr Bauch als andere Kinder. Auf Klassenfotos stand er grundsätzlich hinten – nicht wegen seiner Grösse, sondern damit man vorne mehr Platz hatte. In der Schule hiess es oft «Sven, der Nette» – das war das freundliche Etikett für jemanden, mit dem man zwar gern redete, aber sich nicht gemeinsam in der Badehose zeigte.

Er selbst lachte oft mit, wenn Witze über sein Gewicht gemacht wurden. Besser man lacht mit, als dass man Zielscheibe wird, dachte er. Innerlich traf es ihn trotzdem jedes Mal. Als Jugendlicher versuchte er es mit Diäten: Kohlsuppe, Shakes, nur Eiweiss, dann wieder gar nichts – und danach natürlich alles auf einmal. Die Kilos kamen und gingen. Aber meist kamen sie stärker zurück als sie gegangen waren.

Sven entwickelte eine Überzeugung, die sich wie ein Tattoo in seinen Kopf brannte: «Ich war immer dick. Ich bin dick. Ich werde dick bleiben.»

Diese Vorstellung begleitete ihn durch die Ausbildung, durch seine ersten Jobs, durch Partys, auf denen er immer der war, der lustige Sprüche machte – aber nie tanzen ging. Durch die ersten Urlaube, in denen er im T-Shirt badete. Durch Dates, die meistens nicht über die Pizza hinauskamen.

Doch dann passierte etwas. Nicht dramatisch, nicht plötzlich. Einfach nur: Alltag.

Mit Ende zwanzig arbeitete Sven in einem kleinen Architekturbüro. Nichts Grosses. Aber ordentlich. Er hatte sich eingerichtet – mit dem Übergewicht, mit der netten Kollegin, mit dem Auto vor der Tür. Ein bisschen Komfort, ein bisschen Trägheit. Kein Drama. Nur – kein echtes Leben.

Eines Tages kam eine neue Kollegin ins Team. Lara. Offen, direkt, sportlich – aber nicht übertrieben. Einfach jemand, der sich selbst mochte. Sie setzte sich neben ihn im Pausenraum, sprach ihn an, lachte über seine Witze – nicht aus Höflichkeit, sondern ehrlich. Und irgendwann, nach ein paar Wochen, fragte sie ihn einfach: «Sag mal, warum machst du dich eigentlich so klein? Du bist ein cooler Typ. Aber du tust immer so, als würdest du dich verstecken.»

Sven zuckte die Schultern. «Ich war halt nie der, der auffällt. Ich bin eher so der… Underdog.»

Lara sah ihn an und sagte nur: «Das ist eine Geschichte, die du dir selbst erzählst. Du kannst sie ändern, weisst du?» Sven tat erst so, als wäre es nur Smalltalk. Aber die Worte blieben.

Noch am selben Abend sass er auf dem Sofa – mit Chips und Cola – und dachte über diesen Satz nach: «Das ist eine Geschichte, die du dir selbst erzählst.»

Und plötzlich sah er sich selbst: Nicht als Opfer. Sondern als Regisseur seines eigenen Films, der seit Jahren das gleiche Drehbuch abspielte. Nur, weil es vertraut war.

In den nächsten Tagen passierte noch nichts Grosses. Aber eine Veränderung hatte begonnen. Sven begann, anders zu denken.

Er traf keine riesige Entscheidung. Er begann klein. Keine Chips beim Fernsehen – dafür Wasser mit Zitrone. Keine Ausreden – dafür Spaziergänge nach der

Arbeit. Kein «Ich kann nicht» – sondern «Ich probier's einfach mal».

Er hörte auf, sich mit Models oder Fitnesscoaches zu vergleichen. Er verglich sich nur noch mit sich selbst – von letzter Woche. Sein Ziel war nicht «sixpack in drei Monaten». Sein Ziel war: Wohlfühlen. Atmen. Bewegen. Leben.

Es dauerte natürlich. Wochen, Monate. Und ja, Rückfälle kamen auch. Aber etwas war anders. Diesmal wollte er nicht nur abnehmen. Diesmal wollte er sich verändern.

Und es funktionierte. Mit 32 war er nicht mehr der dicke Junge von früher. Er war ein Mann, der gelernt hatte, dass Herkunft nicht Zukunft bedeutet. Dass Geschichten umgeschrieben werden können. Dass man auch mit extra Kilos geliebt werden kann – aber dass es schöner ist, wenn man sich auch selbst liebt.

Heute erzählt Sven seine Geschichte gern. Nicht, weil er jetzt Modelmasse hat. Sondern weil er zeigen will: Es ist nie zu spät, sein eigenes Drehbuch umzuschreiben.

Und wenn jemand sagt: «Ich war schon als Kind dick, das ist halt so», dann sagt Sven: «Nein, das war vielleicht mal so. Aber das bist du nicht. Nicht mehr. Nicht morgen. Wenn du es willst.»

Schoko-Vanille am Limit

Ich kenne Doris schon seit Jahren – und eines hat sich nie verändert: Ihr eiserner Wille, sich selbst morgens das Leben möglichst wenig genussvoll zu gestalten.

Immer wenn wir uns auf dem Weg zur Arbeit im Pendlerzug treffen – meist halb verschlafen, frierend, mit leicht genervtem Blick – holt sie es hervor: Die silberne Alu-Flasche mit dem Diätdrink. Geschmacksrichtung: «Schoko-Vanille» – laut Aufdruck «sättigend», «proteinreich» und «ultraschlankmachend».

Ich aber – Genussmensch wie ich nun mal bin – habe in der anderen Hand ein buttrig-flockiges Croissant, frisch vom Bahnhofsbäcker. Doris schaut es an wie ein Stück dynamit.

«Wenn ich so etwas frühstücken würde, würde ich danach fünf weitere essen.» Dann kippt sie ihren Drink runter. In einem Zug.

Jedes Mal zuckt ihr Gesicht leicht zusammen, die Augen kneifen sich zu, der Schluck bleibt kurz stecken – als würde sie innerlich gegen das Zeug kämpfen.

«Wenigstens bin ich dann satt», sagt sie, nachdem sie wie ein Alchemist im Selbstversuch das Elixier ihrer Disziplin hinuntergewürgt hat. «Satt oder nur des Essens überdrüssig?» frage ich.

«Beides. Ich krieg danach keinen Bissen mehr runter. Zum Glück!»

Ich beobachte sie, wie sie sich leicht schüttelt. Man sieht es ihr an: Der Drink ist keine Freude. Er ist Strafe.

Am nächsten Tag – gleiches Spiel. Ich mit einem Sesambrötchen, sie mit dem Drink. Nur diesmal murmelt sie: «Heute schmeckt er fast… giftig.»

Ich werfe einen Blick auf das Etikett: «Mit Süssstoff E 955, Ballaststoff-Komplex und künstlichem Aroma.»

Aha.

Doris verteidigt ihr Ritual mit Inbrunst.

«Du verstehst das nicht. Wenn ich morgens normal frühstücke, kriege ich den ganzen Tag Hunger. Mit dem Drink bleibt mein Magen… ruhig.»

«Weil er geschockt ist», werfe ich ein.

«Weil er nichts mehr will», sagt sie.

Nachmittags sehe ich sie wieder – im Büro. Es ist 16 Uhr. Sie knabbert an einem trockenen Reiswaffelriegel mit Geschmack «Apfel-Zimt», den man eher als Papier mit Hoffnung bezeichnen könnte.

Dann kommt's: «Ich habe heute schon 4 davon gegessen», sagt sie.

«Und keinen Hunger?»

«Doch. Aber ich darf ja nichts essen, sonst war der Drink umsonst.»

Ich überlege kurz. Ein Croissant hat vielleicht 300 Kalorien. Ihr Drink hat 200. Aber dazu 4 Reiswaffelriegel à 100 Kalorien – macht 600. Und dann sagt sie mir ernsthaft, sie habe so keine Lust mehr auf Essen?

Beim nächsten Treffen im Zug habe ich eine Tüte dabei. Ich biete ihr ein Mandelcroissant an. Sie lacht bitter: «Wenn ich das esse, kannst du mich gleich rollen.» Ich sage: «Oder du fängst vielleicht einfach mal an, wieder zu schmecken, statt zu leiden.»

Sie lehnt ab.

Aber an diesem Tag sehe ich sie nachdenklicher als sonst. Und der Drink? Bleibt im Rucksack.

Anekdote am Ende: Eine Woche später kommt sie zu mir. «Ich hab's ausprobiert», sagt sie.

«Was?»

«Ein halbes Croissant. Mit Butter.»

Ich warte auf das Drama.

«Und?»

«War lecker. Und das Verrückte: Ich hab danach gar nicht mehr so viel gegessen. Ich war… zufrieden.»

Ich nicke.

Manchmal braucht es keinen Drink, der einem das Essen austreibt. Manchmal reicht echtes Essen, das einem das Leben wieder schmeckt.

Iss doch noch ein bisschen!

Wer einmal bei Familie Maier zum Essen eingeladen war, wusste: Hier gab es keine Portionen. Es gab Berge.

Rosi Maier, stolze Hausfrau mit dem Herz am rechten Fleck und der Schöpfkelle am Handgelenk, war die Königin des «Noch-ein-bisschen»-Prinzips.

Egal ob man kam zum Brunch, Mittag oder Kaffeekränzchen – man ging nie mit leerem Magen. Eher mit gedehntem Gürtel und leichtem Schwindel.

Als Julia das erste Mal bei den Maiers eingeladen war – eine Kollegin von Sohn Tobias – hatte sie am Abend davor extra nur Salat gegessen. Sie wollte höflich sein, nicht überfordert wirken.

Ein netter Sonntagslunch sollte es werden.

Fehler Nummer eins.

Denn Rosi war schon in voller Montur: Küchenschürze mit besticktem Spruch «Liebe geht durch den Magen», Kochlöffel wie ein Zepter in der Hand.

Auf dem Tisch: Kartoffelgratin, Rindsragout, Buttergemüse, Salat (nur für das Gewissen) und zwei Saucen, die vermutlich in Eimern angerührt wurden.

«Julia, du isst doch hoffentlich ordentlich? So ein zartes Ding! Du brauchst Kraft!»

Julia lächelte tapfer.

«Danke, das sieht wunderbar aus.»

Rosi schöpfte. Und schöpfte.

Ein Esslöffel Ragout? Nein. Fünf.

Ein Klecks Gratin? Haha. Ein Berg.

Salat wurde symbolisch an den Tellerrand geschoben – man war ja gesundheitsbewusst.

Noch während Julia mit dem Besteck kämpfte, kam der erste Satz aus der Kategorie «kulinarischer Druckaufbau»:

«Schmeckt's denn? Du isst so langsam.»

«Ja, wunderbar. Ich bin nur kein grosser Esser.»

«Ach komm, für so was Gutes hat man immer Platz!»

Fehler Nummer zwei: Sie liess einen Rest am Teller.

Für Rosi bedeutete das nicht etwa satt, sondern Enttäuschung.

Kaum hatte Julia das Besteck hingelegt, war auch schon die Schöpfkelle zurück. «Du musst noch mal nehmen. Ich seh doch, du magst es.»

«Wirklich, ich bin satt.»

«Ach was. Satt ist relativ. Der Magen dehnt sich! Noch ein Löffelchen.» Ein Löffelchen war in diesem Fall ein halber Teller.

Tobias versuchte dezent einzugreifen. «Mama, Julia isst wirklich nicht so viel.»

«Weil sie es nicht gewohnt ist! Zu Hause gibt's sicher nur diesen neumodischen Kram. Smoothies! Körner! Jetzt bekommt sie was Echtes!»

Julia war inzwischen in Phase drei der Mahlzeit angekommen: dem internen Kampf zwischen Anstand und physischer Kapazität.

Als sie sich endlich durch das Dessert – warme Vanillecreme mit Apfelstrudel – gekämpft hatte, war ihr Magen bereit für einen Winterschlaf.

Sie lehnte sich zurück. Lächelte. Wollte gerade DANKE sagen.

Doch da kam Rosi mit funkelnden Augen zurück – und einer dampfenden Schüssel. «Ich hab da noch ein bisschen Rahmgeschnetzeltes gemacht. Für später. Weil's so gut geht auf ein zweites Tellerchen.»

Julia verliess das Haus drei Stunden später mit einem Einmachglas als Mitgabe («nur ein bisschen für morgen») und einem Entschluss: Nie wieder ohne taktische Vorbereitung.

Beim nächsten Mal brachte sie ihre Freundin Lisa mit – als menschliches Ablenkungsmanöver. Lisa war sportlich, hatte Appetit, und schaufelte sich freiwillig zwei Teller rein.

Rosi war begeistert. Julia konnte entspannt ihren Salat essen – und ihre Würde behalten.

Das stille Fressen im Home-Office

Alexandra war eine vorbildliche Mitarbeiterin. Pünktlich, organisiert, freundlich.

Seit sie im Marketingteam einer grossen Firma arbeitete, war sie geschätzt – nicht nur für ihre Präsentationen, sondern auch für ihre Teamfähigkeit und ihre Fähigkeit, Kuchenreste konsequent im Pausenraum zu ignorieren.

Doch dann kam die Pandemie. Und mit ihr: das Home-Office. Zuerst war es wie ein Geschenk. Kein Pendelstress, keine Busverspätungen, kein Gequatsche am Kopierer. Dafür Jogginghose, Katzencontent in der Pause und der Laptop direkt neben der Kaffeemaschine.

Was Alexandra unterschätzt hatte: Die gefährliche Nähe zum Kühlschrank. Im Büro war Essen ein Akt. Die Cafeteria lag im dritten Stock, einmal quer durchs Gebäude. Der Automat war notorisch leer oder voll mit Sachen, die niemand wollte.

Das bedeutete: Man überlegte sich zweimal, ob man wirklich Hunger hatte – oder nur gelangweilt war.

Im Home-Office aber? Die Küche war 14 Schritte entfernt. Ja, sie hatte gezählt.

Und so begann es. Erst war es harmlos: ein bisschen Obst zum Kaffee. Dann ein Joghurt nach dem Teams-Call. Dann entdeckte Alexandra, wie gut Toast mit Nutella um 10:15 Uhr schmeckt. Und wie der Apfelkuchen von gestern noch «gerettet» werden musste.

Irgendwann lag immer ein kleines Stück Käse «offen» im Kühlschrank – was förmlich gegessen werden wollte. Schliesslich wollte man ja keine Lebensmittel verschwenden.

Das Home-Office wurde zur Schlemmerhöhle. Der schlimmste Moment kam beim Wocheneinkauf. Sie stellte fest, dass sie für eine Person Mengen kaufte, die vorher eine ganze Bürogemeinschaft ernährt hätten.

Cornflakes, Nüsse, Cracker, Schokolade in «praktischen» kleinen Portionen (die sich überraschend schnell leerten), Joghurts in allen Farben, und ein Marmorkuchen, der angeblich «für Gäste» gedacht war.

Die Krönung: Sie ass plötzlich während Besprechungen. Mute-Taste rein – Schokoriegel raus. Kamera aus – Cracker rein.

Einer sagte gerade: «Wir brauchen kreative Ideen für Q3» – Alexandra dachte nur: «Wo sind die Erdnüsse?»

Es wurde nicht sofort sichtbar. Jogginghosen sind schliesslich gnadenlos bequem. Aber dann kam der Tag, an dem sie sich für ein Online-Meeting schick machen wollte. Jeans statt Leggings.

Die Jeans sagte Nein.

Nicht dramatisch. Aber eindeutig.

Ein leises, aber klares: «Du warst mal anders.»

Alexandra war klug genug, die Zeichen zu deuten. Und sie war ehrlich mit sich selbst.

Sie erkannte: Im Büro esse ich, wenn ich Pause habe. Zuhause esse ich, wenn ich… da bin.

Sie entwickelte einen Plan – keine Diät, sondern ein System. Sie führte fixe Mahlzeiten ein. Legte sich eine Trinkflasche auf den Schreibtisch. Hängte ein

Schild über den Kühlschrank: «Bist du hungrig oder nur gelangweilt?»

Statt zur Küche ging sie eine Runde um den Block. Statt Snacks zu kaufen, schrieb sie gezielt Einkaufslisten.

Und siehe da – sie fühlte sich wacher, konzentrierter und… die Jeans sagte wieder Ja.

Heute sagt sie oft: «Home-Office ist super. Aber mein Kühlschrank bekommt jetzt auch mal Home-Office – sprich: Ruhepause.»

Liebe auf Bestellung – mit extra Käse

Sophia und Marc waren ein modernes Paar. Berufstätig, organisiert, technikaffin – und wenn es um Essen ging: absolute Fans von allem, was auf Knopfdruck funktionierte.

Kochen? Nichts für sie. Warum sich mit Rezepten und Einkauf rumschlagen, wenn die Welt doch voller Lieferdienste und Fertiggerichte war?

Ob Thai-Curry, Pizza Diavola oder vegane Lasagne aus der Mikrowelle – alles kam heiss, schnell und ohne schmutziges Schneidebrett. Ihre Küche war mehr Dekoration als Werkstatt.

«Wir leben effizient», sagte Marc gern. «Und lecker», ergänzte Sophia – während sie mit einer Hand am Handy den Lieferservice durchscrollte und mit der anderen schon mal die Netflix-Serie startete.

Ihr Kühlschrank? Gähnende Leere. Drei Joghurts, eine offene Cola, und ein Senf von 2019.

Ihr Tiefkühlfach? Voll wie ein Ersatzteillager: Mini-Frühlingsrollen, Tiefkühl-Gnocchi, Ofenkäse, Tikka Masala in Plastiktassen.

«Wir essen international», witzelte Sophia. «Nur eben ohne Reisepass.»

So lebten sie. Tag für Tag. Woche für Woche. Montags indisch. Dienstags Burger. Mittwochs Pasta-Pesto aus der Aluform. Freitags Sushi. Und samstags: Überraschungskarton aus der «Ghost Kitchen» um die Ecke. Sonntags war Detox-Tag. Also bestellten sie Salat mit extra Hähnchenstreifen und Honig-Senf-Dressing. «Immerhin grün», sagte Marc.

Doch dann passierte es. Es begann harmlos: Marc musste sich bücken, um einen Kabelsalat unter dem Schreibtisch zu entwirren – und kam mit Schnappatmung wieder hoch.

«Puh… war das immer so anstrengend?» Sophia antwortete nicht. Sie kaute gerade schwer an einem Tiefkühl-Burrito und dachte dasselbe. Ihre Jeans spannte. Die Haut war fahl. Der Bauch… naja, deutlich «zufriedener» geworden.

Dann kam der Aha-Moment. Beim Besuch bei Marcs Schwester, die für sie kochte: frisches Gemüse, Kräuterduft, ein dampfender Topf auf dem Herd.

Sophia war irritiert. «Was ist das?»

«Das? Das ist Essen. Selbst gekocht. Ich weiss – radikal.» Marc biss vorsichtig in das Curry. Kein Plastikgeschmack. Kein überwürzter Glutamat-Angriff. Einfach… gut.

Auf dem Heimweg sagte er zögerlich: «Vielleicht könnten wir… ab und zu selbst was machen?»

Sophia hob die Augenbraue. «Also – kochen? So mit Pfanne und Zutaten?»

«Nur mal probieren. Ich mein… wie schwer kann's sein?» Die Antwort: Ziemlich.

Der erste Versuch – Spaghetti mit frischem Gemüse – endete in einer Tomatenschlacht. Die zweite – Omelett – verwandelte die Küche in ein Rührei-Massaker.

Aber irgendetwas war anders. Sie lachten. Sie schnitten gemeinsam. Sie diskutierten, ob Knoblauch vor oder nach den Zwiebeln in die Pfanne gehört.

Und der Geruch! Nicht von Pappe, sondern von echten Aromen. Sie merkten: Kochen war nicht nur

Nahrung. Es war Zweisamkeit. Kreativität. Kontrolle über das, was auf den Teller kam.

Nach vier Wochen hatten sie immer noch Fertiggerichte im Tiefkühlfach – aber sie wurden seltener besucht. Und wenn sie bestellten, dann ganz bewusst – als Genuss, nicht als Dauerlösung.

Marc verlor drei Kilo. Sophia fühlte sich wacher. Ihr Magen knurrte nicht mehr um 22 Uhr, weil die schnelle Mahlzeit schon längst verpufft war.

Eines Abends, während sie zusammen einen Süsskartoffel-Auflauf zubereiteten, sagte Sophia: «Weisst du was das Beste ist? Ich kann wieder riechen, was wir essen. Und wir wissen, was drin ist.»

Marc grinste. «Und du kannst beim Kabelsalat wieder atmen.»

Frühstück für zwei Mahlzeiten

Im Hotel «Mar Azul» an der portugiesischen Küste herrschte morgens eine ganz besondere Stimmung. Zwischen dem Duft von frisch gebackenen Croissants, dampfendem Kaffee und knusprigem Speck mischte sich täglich ein Hauch von… Strategie.

Denn genau um 8:00 Uhr erschienen sie: Die Frühstücks-Taktiker. Angeführt von Erika und Gernot, einem deutschen Ehepaar Mitte fünfzig, das schon seit Jahren auf Schnäppchenreisen spezialisiert war. Ihre goldene Regel: «Man spart beim Mittag, nicht beim Sonnenhut.»

Das Frühstücksbuffet war ihre Bühne. Gernot trug ein Hawaiihemd mit Flamingos, Erika eine praktische Gürteltasche – und darunter: ein Tupper-Kit in Taschenformat. Unauffällig in Küchenpapier eingewickelt, begleitet von Butterpäckchen, Frischkäse-Portionen und einem diskreten Brotmesser mit Plastikgriff.

Sie suchten sich einen Tisch in strategischer Nähe zum Brot, aber ausser Sichtweite des Personals.

«Zone 3 – geringe Kellnerfrequenz, aber hoher Gebäckdurchsatz», flüsterte Erika.

Dann begann das grosse Schmieren. Zuerst die «offiziellen» Frühstücksbrötchen. Zwei pro Person, liebevoll belegt – Salami, Käse, Ei. Die wurden genüsslich am Tisch gegessen, um unauffällig zu wirken.

Doch kaum war der erste Kaffee leer, begann der wahre Einsatz: Erika packte aus – unter dem Tisch, mit geübtem Griff. Gernot schirmte sie ab, indem er demonstrativ die Wetter-App checkte. Ein Brötchen nach dem anderen wanderte in die Tupperdose. Butter wurde mit dem Plastiklöffel verstrichen, der Honig tröpfelte vorsichtig vom Teebeutel-Picker.

Gurke? Check. Tomate? Zwei Scheiben maximal, wegen Feuchtigkeit. Ei? Halbiert, mit Serviette als «Anti-Geruchsbarriere». Alles wurde fachgerecht geschichtet – das war keine Mahlzeit, das war ein logistisches Meisterwerk.

Sie waren nicht allein. Am Nebentisch beobachteten sie heimlich die «Holländische Familie mit Brotbeutel». Die Mutter hatte ein ganzes Baguette in der Windeltasche verschwinden lassen.

Zwei Tische weiter: Ein britisches Ehepaar, das zwei Bananen, drei Äpfel und ein hart gekochtes Ei verschwinden liess wie Magier.

Das Hotelpersonal wusste natürlich Bescheid. Pedro, der Frühstücksleiter, seufzte jedes Mal, wenn jemand eine Serviette «rein zufällig» mit einem Brötchen darin verliess.

Aber was sollte er tun? Die Gäste bezahlten immerhin für das Frühstück. Dass sie es verdoppelten, stand nirgendwo ausdrücklich verboten.

Am dritten Tag traf Gernot auf den einzigen Gegenspieler, der seine Pläne zu durchkreuzen wusste: eine portugiesische Oma am Nebentisch.

Sie beugte sich zu ihm rüber, als er gerade diskret den Gouda in die Box legte.

Mit strengem Blick und herrlicher Direktheit flüsterte sie: «In meinem Land nennt man das nicht sparen. Man nennt das: Kindisch.» Gernot errötete. Erika tat so, als suche sie nach der Milch. Und zum ersten Mal assen sie das Mittagessen tatsächlich ausserhalb des Hotels – eine gegrillte Dorade direkt am Hafen.

«War gar nicht so teuer», murmelte Erika. «Und lecker», fügte Gernot hinzu. «Und ohne Aluminiumgeschmack.»

Am nächsten Morgen frühstückten sie langsamer. Kein Brötchenschmuggel. Kein Tupperware-Tetris. Stattdessen tranken sie den Kaffee heiss und nahmen sich zum ersten Mal ein bisschen Zeit für die Aussicht. Pedro sah's von Weitem – und lächelte.

Der letzte Versuch

Jonas war Anfang 30, als er zum x-ten Mal vor dem Spiegel stand und sich schwor: «Jetzt reiss ich mich zusammen.» Er hatte es schon so oft gesagt, dass es sich leer anfühlte. Low-Carb, Keto, Intervallfasten, Saftkuren, High-Protein – er hatte sie alle ausprobiert. Mindestens zwei, manchmal sogar drei Diäten pro Jahr, über sieben Jahre hinweg. Anfangs purzelten die Pfunde, dann schlichen sie sich zurück – meist mit Zinsen. Der gefürchtete Jo-Jo-Effekt war sein ständiger Begleiter.

Jede Diät begann mit einem Akt der Selbstdisziplin und endete in Frust. Mal war es ein stressiger Arbeitstag, mal ein Familienfest, mal einfach ein Abend allein mit dem Kühlschrank – dann brach alles wieder zusammen. Die Waage wurde sein Feind, der Kleiderschrank zum Mahnmal. Er fühlte sich schwach, obwohl er eigentlich stark war. Im Job zuverlässig, bei Freunden beliebt – doch gegen sich selbst verlor er immer wieder.

An einem Sonntagmorgen, nach einem weiteren gescheiterten Versuch, stand er in der Küche, hielt seine Kaffeetasse und spürte: «Ich kann nicht mehr.» Aber diesmal war es anders. Es war keine Kapitulation, sondern eine Erkenntnis. Diäten waren nie das Problem – sie waren das Symptom. Er musste aufhören, sich selbst zu bekämpfen, und anfangen, sich selbst zu verstehen.

Jonas begann mit dem, was er sein ganzes Leben ignoriert hatte: Schlaf. Früher war er oft bis nach Mitternacht wach, scrollte am Handy, schaute Serien, trank noch ein Bier – und quälte sich am nächsten Morgen müde zur Arbeit. Jetzt stellte er sich einen festen Schlafrhythmus ein. Um 22:30 Uhr lag er im Bett, das Handy blieb draussen. Anfangs war es schwer – sein Körper rebellierte. Doch nach zwei Wochen merkte er: Mit sieben bis acht Stunden Schlaf fühlte er sich ausgeglichener, weniger reizbar – und überraschenderweise: weniger hungrig.

Als Nächstes nahm er sich das Essen vor – aber diesmal ohne Verzicht, ohne Kalorienlisten. Stattdessen: kleinere Teller. Er kaufte sich ein neues Geschirrset – Kinderteller, wie er sie scherzhaft nannte. Anfangs war er irritiert – das Essen wirkte lächerlich wenig. Doch als er bewusst kaute, sich Zeit nahm, das Handy weglegte und einfach ass, merkte er: Er wurde satt. Und zwar auf eine neue Weise. Nicht vollgestopft, sondern zufrieden.

Er führte regelmässige Mahlzeiten ein. Kein hektisches Frühstück auf dem Weg zur U-Bahn, kein Auslassen des Mittagessens aus Zeitmangel, kein abendliches Fressen gegen die Leere. Drei feste Mahlzeiten, kleine Snacks dazwischen nur, wenn er wirklich Hunger hatte – nicht aus Stress oder Langeweile. Nach und nach lernte er die Signale seines Körpers zu deuten: Was war echter Hunger? Was war bloss Appetit? Was kam aus Gewohnheit?

Er begann, langsamer zu essen. Kaute bewusst. Lernte Aromen zu schätzen, Gewürze, Texturen. Er kochte wieder mehr selbst, entdeckte Gemüse neu, testete Rezepte. Und vor allem: Er liess sich Zeit. Fürs Essen, fürs Kochen, fürs Leben.

Natürlich gab es Rückschläge. Einmal bei einem Firmen-Event, als das Buffet zu verlockend war. Ein anderes Mal nach einem stressigen Streit mit seiner Schwester, als er eine Tüte Chips auf einmal ass. Aber diesmal machte er sich keine Vorwürfe. Er akzeptierte es, lernte daraus – und kehrte zurück zur Routine.

Ein weiterer Schlüssel war Bewegung – aber nicht im Fitnessstudio, das er stets nach drei Wochen wieder mied. Sondern Bewegung im Alltag: Treppen statt Aufzug, ein Spaziergang am Abend, Yoga-Videos zu Hause. Es ging nicht um Muskelmasse oder Sixpack. Es ging um Energie, um Lebensqualität.

Nach etwa vier Monaten fiel es ihm auf: Seine Jeans rutschte. Nach sechs Monaten: Die Waage zeigte acht Kilo weniger. Aber wichtiger: Er fühlte sich zum ersten Mal in seinem Leben nicht auf Diät – sondern im Gleichgewicht.

Seine Freunde merkten es auch. «Du wirkst irgendwie… ruhiger», sagte seine beste Freundin. Jonas nickte nur. Es war schwer zu erklären. Er war nicht einfach nur schlanker. Er war präsenter. Wacher. Zufriedener.

Einmal im Monat schrieb er sich eine kleine Reflexion: Was lief gut? Wo hatte er geschludert? Welche Routinen taten ihm gut? Es wurde ein kleines Ritual – kein Kontrollinstrument, sondern ein Werkzeug zur Selbstbeobachtung.

Nach einem Jahr war Jonas über 12 Kilo leichter. Aber was ihn am meisten stolz machte: Es war das erste Jahr seit Langem ohne Jo-Jo-Effekt. Ohne Diät. Ohne Selbsthass. Er hatte nicht «abgenommen», er hatte sich verändert.

Und als ihn ein Kollege fragte, welche Diät er gemacht habe, lachte Jonas und sagte: «Ich hab aufgehört, Diäten zu machen. Ich hab endlich angefangen, auf mich zu hören.»

Die Sache mit dem Umzug

Tim war ein ganz normaler Typ. Mitte 40, Durchschnittsbauch, leicht angegraute Haare, und eine sehr enge Beziehung zu seiner Couch.

Seine sportlichste Aktivität war das Umblättern von Serienepisoden – und manchmal das hastige Aufspringen, wenn er vergessen hatte, die Pizza aus dem Ofen zu nehmen.

Eines Tages stand er vor dem Spiegel – oben ohne, mit leicht gerunzelter Stirn. «Ich sehe aus wie eine Mischung aus Couchkissen und Wackelpudding», murmelte er und zog sich den Bauch ein. Für zwei Sekunden sah das fast sportlich aus, dann atmete er wieder aus und das Wackelpudding-Gefühl kehrte zurück.

Er beschloss: Es muss sich was ändern! Also googelte er: «Wie schnell fit werden?» Ergebnis Nummer eins: «In 30 Tagen zum Sixpack». Ergebnis Nummer zwei: «Crashdiät – 5 Kilo in 5 Tagen». Ergebnis Nummer drei: «Du bist perfekt, wie du bist – kauf unsere Kekse!»

Tim war verwirrt. Aber nicht lange. Er tat, was jeder halbmotivierte Mensch in einer Lebenskrise tut: Er meldete sich im Fitnessstudio an – mit einem 12-Monatsvertrag und der Hoffnung, in 3 Tagen Arnold Schwarzenegger zu sein.

Tag 1 im Studio: Tim schnürte seine neuen Sportschuhe (noch mit Etikett), zog ein T-Shirt mit motivierendem Spruch an («No Pain, No Pizza») und betrat das Studio. 15 Minuten später stand er schnaufend auf dem Laufband, blinzelte auf das Display und stellte fest, dass er nur 0,6 Kilometer geschafft hatte – in der Zeit hätte er normalerweise eine Pizza bestellt.

Nach 35 Minuten – 30 davon auf dem Boden liegend – verliess er das Studio mit Muskelkater an Stellen, von denen er nicht wusste, dass sie Muskeln hatten. Am nächsten Tag meldete sich sein ganzer Körper: «Was war das denn, Tim?!» Und Tim antwortete: «Sport. Ich bin jetzt sportlich.» Das Fitnessstudio sah ihn dann aber… sagen wir mal… nicht allzu oft wieder. So wie eine Ex, mit der man höflich aber bestimmt keinen Kontakt mehr will.

Ein paar Wochen später versuchte Tim etwas anderes: Ernährung umstellen. Er war jetzt «auf Clean Eating» – was bedeutete, dass er viermal am Tag Quinoa googelte, es aber nie wirklich kochte.

Stattdessen trank er einen grünlichen Smoothie, der nach Rasenmäher schmeckte, und fühlte sich sofort wie ein Influencer mit Detox-Plan. Danach ass er eine Packung Chips zur «Belohnung».

Sein grösster Plan war jedoch: Innere Balance finden. Er besuchte einen Wochenendkurs in Psychologie mit dem Titel «Der innere Kompass». Nach zwei Tagen wusste er zwar, wie man Gefühle benennt – aber als die Kursleiterin sagte: «Und jetzt spürt mal euer inneres Kind», rief Tims inneres Kind nur: «Ich will Pizza.»

Zu Hause angekommen, stand er wieder vor dem Spiegel. Diesmal lachte er. «Also Tim, ernsthaft. Du gehst einmal ins Fitnessstudio und erwartest, dass du dich in einen griechischen Gott verwandelst? Du meditierst zwei Minuten und glaubst, du bist Buddha persönlich?»

Und da kam ihm ein Gedanke, der ihm seltsam logisch erschien – wie ein Geistesblitz zwischen Tiefkühlpizza und Sofa: «Ich brauch keinen Durchbruch. Ich brauch einen Umzug.»

Nicht geografisch – sondern innerlich. Kein Crashkurs, keine Radikalkur. Sondern ein allmählicher Umzug in ein anderes Lebensgefühl. Eines, in dem er nicht gertenschlank sein musste. Aber auch nicht atemlos beim Schuhe zubinden. Eines, in dem er geniessen konnte – aber nicht wahllos. Ein Leben zwischen Pizza und Paprika, zwischen Sitzen und Spazieren.

Er begann klein. Jeden Tag 20 Minuten Spazierengehen – kein Joggen, kein High-Intensity. Einfach gehen. Ohne Ziel, ohne App. Nach zwei Wochen verlängerte er auf 30 Minuten. Er fing an, morgens ein bisschen zu dehnen – nicht weil er es musste, sondern weil es sich gut anfühlte.

Er kochte abends öfter selbst – nichts Kompliziertes, aber frisch. Statt drei belegte Brote ass er eines mit einem Beilagensalat. Und siehe da – er war satt. Er liess die Smoothies weg und trank wieder Wasser, ohne Chiasamen, ohne Spirulina. Nur Wasser. Und Kaffee. Denn ganz ehrlich: Auch der Buddha hätte Kaffee getrunken, wenn er montags ins Büro gemusst hätte.

Tim wurde nicht gertenschlank. Und das war auch nicht das Ziel. Aber er verlor einige Kilos – vor allem die, die er seelisch mit sich herumgetragen hatte. Die ständige Selbstkritik, das Alles-oder-Nichts-Denken, der Wunsch, in zwei Wochen ein neuer Mensch zu sein.

Eines Abends stand er wieder vorm Spiegel. Dieses Mal nicht kritisch, sondern neugierig. Kein Sixpack, keine Modelmasse – aber ein Mensch, der sich mochte. Der lachte. Der sich bewegte, nicht um zu bestrafen, sondern um zu leben.

Und wenn jemand ihn heute fragt: «Tim, wie hast du's geschafft?» Dann sagt er grinsend: «Ich bin einfach umgezogen – von der Idee, perfekt zu sein, hin zur Idee, lebendig zu sein.»

Der Weg ist das Ziel – und kein Sprint

Wenn Sie bis hierher gelesen haben, dann haben Sie nicht nur gelacht – hoffentlich –, sondern auch erkannt: Schlanksein beginnt nicht auf dem Teller, sondern im Kopf. Und es beginnt auch nicht an einem Montag, nach dem Urlaub oder wenn die Waage einmal besonders laut knarzt. Es beginnt in dem Moment, in dem Sie entscheiden, alte Muster zu durchbrechen.

Die wichtigste Wahrheit zuerst: Man wird nicht schlank geboren – aber man bleibt es auch nicht zufällig.

Niemand ist «von Natur aus dünn». Es sind Lebensgewohnheiten, Routinen, kleine tägliche Entscheidungen – und eben auch Fehlentscheidungen –, die auf Dauer ihren sichtbaren Effekt zeigen. Ob wir uns abends vollstopfen, weil wir gestresst sind, mittags zu viel essen, weil's günstig war, oder heimlich naschen, weil wir uns etwas «verdient» haben – es sind genau diese Fallen, die wir in unseren Geschichten liebevoll aufs Korn genommen haben.

Und hier kommt die zweite Wahrheit: Es geht nicht um Diäten. Diäten sind wie schlechte Beziehungen: Anfangs spannend, am Ende frustrierend. Kurzfristig gedacht, oft einschränkend, und sie enden fast immer mit Jo-Jo. Stattdessen geht es um eine langfristige, lebenslange Veränderung deines Umgangs mit Essen. Und das kann – ja, darf! – Spass machen.

Hier kommen die wichtigsten Tipps, die Sie sich merken dürfen:

1. Kein Verzicht, sondern Umstellung. Essen Sie, worauf Sie Lust haben – aber bewusst und in Massen.

274

Kein Verbot bringt so viel wie das Verstehen des eigenen Verhaltens.

2. Regelmässigkeit schlägt Spontanfutter. Der Körper liebt Routine. Wer regelmässig isst, hat seltener Heisshunger.

3. Der Abend ist zum Abschalten, nicht zum Reinstopfen. Leichtes Essen am Abend hilft Körper und Geist. Man schläft besser – und verdaut wird auch leichter.

4. Snacks sind nett – aber kein Ersatz für echte Mahlzeiten. Gesunde Snacks können eine Falle sein. Eine Handvoll Nüsse hat mehr Kalorien als ein Stück Kuchen. Und Light-Produkte sind oft Light nur im Namen.

5. Künstliche Süssstoffe – die Trickser im System. Sie gaukeln Ihrem Körper Zucker vor – der will dann mehr. Nicht immer schlau.

6. Bewegung hilft – aber kein Freifahrtschein für Schokoriegel. 700 Kalorien abtrainieren dauert eine Stunde. Aufessen? Zwei Minuten. Bewegung ist gut für Herz, Ihre Haltung und Ihren Kopf. Nicht als Ausgleich, sondern als Begleiter.

7. Das Auge isst mit – und der Teller auch. Nehmen Sie kleine Teller. Schöpfen Sie bewusst. Fragen Sie sich: Würde ich das jetzt wirklich essen, wenn's nicht schon da wäre?

8. Der Kampf beginnt nicht im Magen – sondern mit der Entscheidung. Langeweile, Stress, Gesellschaft: All das kann uns zum Essen verführen. Stoppen Sie, innezuhalten. Atmen Sie durch. Fragen Sie, ob Sie wirklich Hunger haben oder nur essen wollen.

9. Lassen Sie sich nicht vom Rabatt verführen. Nur weil's im Angebot ist, heisst es nicht, dass Ihr Körper es braucht.

10. Und vor allem: Haben Sie Geduld mit sich selbst. Eine echte Veränderung dauert. Studien zeigen: Es braucht rund 30 Tage, um alte Muster zu durchbrechen. Und danach noch viel länger, um neue zu verankern. Aber es lohnt sich. Immer.

Schlusswort: Abnehmen ist kein Ziel. Es ist ein Weg. Und dieser Weg endet nicht auf der Waage. Er endet nicht nach einem Monat, nicht nach dem Sommer. Er endet nie – weil es nicht um Verzicht geht, sondern um das Finden eines neuen, besseren Lebensstils. Und der kann voller Freude, Genuss und kleinen liebevollen Momenten sein.

Denn am Ende werden Sie nicht schla[nk], aber Sie können sich schlank entsch[eiden,] jeden Tag aufs Neue. Viel Erfo[lg]